DUMONT'S HANDBUCH

PFLANZENNAMEN
und ihre Bedeutung

DUMONT'S HANDBUCH

PFLANZENNAMEN
und ihre Bedeutung

Elvira Groß

Mit einem Vorwort von
Professor Dr. Wilhelm Barthlott

Bildnachweis (l=links, r=rechts):
Wilhelm Barthlott: 37l, 43l, 44l, 45, 53r, 56, 79r, 80l, 90l, 96r, 103r, 104l, 110, 121r, 127r, 132r, 141, 151r, 160, 162l+r, 168r, 175, 187r, 199l, 201r, 210l, 214l+r, 215, 221l+r
Botanisches Archiv, Bonn: 11, 14
Elvira Groß: 21, 25r, 26l+r 31l, 32, 37r, 39, 43r, 52l+r, 53l, 59, 62r, 65, 70l+r, 73l+r, 79l, 80r, 87l+r, 93, 96l, 97, 103l, 104l, 105, 111, 115, 121l, 128, 134l+r, 147r, 152l+r, 156r, 159, 168l, 170, 171, 177r, 180, 181, 183r, 199r, 201l, 204l+r, 207r, 211, 212l+r, 213, 218l, 219, 225, 229
Werner Rauh: 25l, 27, 31r, 33, 38, 44r, 46, 50l+r, 56, 57, 58l+r, 62l, 66, 81, 84l+r, 90r, 92, 99, 103r, 104l, 108, 109l+r, 111, 114, 117l+r, 123l+r, 127l, 128l, 129, 132l, 139l+r, 140, 144l+r, 146, 147l, 151l, 156l, 164l+r, 174, 177l, 183l, 187l, 189l+r, 192, 194, 195, 207, 210r, 218r, 219, 224l+r, 227

Die Deutsche Bibliothek - CIP-Einheitsaufnahme

Groß, Elvira:
DuMont's Handbuch Pflanzennamen und ihre Bedeutung / Elvira Groß. - Orig.-Ausg. - Köln : DuMont, 2001
  ISBN 3-7701-5557-2

Originalausgabe
© 2001 DuMont Buchverlag, Köln
Alle Rechte vorbehalten
Umschlaggestaltung: Groothuis & Consorten, Hamburg
Druck: Rasch, Bramsche
Buchbinderische Verarbeitung: Bramscher Buchbinder Betriebe

Printed in Germany
ISBN 3-7701-5557-2

Inhalt

VORWORT	8
EINLEITUNG	9
CARL VON LINNÉ, LEBEN UND WERK	11
DIE HIERARCHIE IM PFLANZENREICH	15
DIE BENENNUNG DER PFLANZEN	20
DIE BEDEUTUNG DER NAMEN	24

Vorsilben: Tiefgründiges und Immerwährendes — 24
Endsilben: Kanadischer Neubürger und Sandträger — 30

Allgemeine und besondere Merkmale

Optischer Eindruck und allgemeine
Eigenschaften: Wunderbares und Heilsames — 36
Größe: Riesen und Zwerge — 42
Gestalt der Pflanze: Stängellos und baumartig — 50
Wuchsrichtung: Bodenständig und abgehoben — 56
Form und Anordnung der Blätter:
Schmal- und rundblättrig — 62
Blüten- und Blütenstandsformen:
Spornblume und Ährige Teufelskralle — 70
Muster auf Blättern und Blüten: Schachbrettblume und gemusterte Blattrosetten — 78
Oberflächen: Stacheln und Haare — 84

Farben

Farbig und farblos:
Buntblättrige *Aloë* und dreifarbige *Viola* 90

Weiß in verschiedenen Abstufungen:
Weiße und schneeweiße Blüten 96

Von Grau bis Schwarz: Graue Blätter
und (fast) schwarze Blüten 102

Braun und grün:
Braune Blätter und grüne Blüten 108

Gelb- und Orangetöne:
Goldene Blumen und gelbblütige Taglilien 114

Blau, Violett und Purpur: Blauroter
Steinsame und veilchenblaue Tillandsie 120

Rottöne: Fleischfarbene, zinnoberrote
und scharlachrote Blüten 126

Blütezeit und Lebensdauer: Herbst-Zeitlose,
Nachtviole und Gänseblümchen 132

Duft und Geschmack:
Gewürzpflanzen 138

Ähnlichkeiten mit anderen Pflanzen:
Aloë-ähnliche Krebsschere und
Moos-ähnliche Steinbreche 144

Ähnlichkeiten mit Tieren:
Insekten imitierende Ragwurz-Arten 150

Lebensräume

Wälder und Gebüsche:
Busch-Windröschen und Hain-Sommerwurz 156

Grasformationen und Felder:
Acker-Unkräuter und Wiesen-Schaumkraut 162

Felsen, Hügel und Berge:
Berg-Wohlverleih und Gletscher-Hahnenfuß 168

    Im und am Wasser:
    Mangroven und Sumpf-Herzblatt   174

Umweltbedingungen

    Klima und Boden: Salz- und Sandkraut   180

Geographische Bezeichnungen

    Himmelsrichtungen und Kontinente:
    Abend- und Morgenländische
    Platane und Amerikanische Agave   186

    Länder: Arabischer Kaffee und
    brasilianischer Kautschukbaum   192

    Regionen: Alpenglöckchen und
    Seychellennusspalme   198

    Städte: Die Wunderblume aus Jalapa und
    Nelken aus Grenoble und Montpellier   204

Eigennamen

    Gestalten der Mythologie:
    Centaurea und *Paeonia*   210

    Personen zu Ehren:
    Goethea und *Victoria*   218

    Fremdnamen: *Ginkgo* und *Tulipa*   224

LITERATURAUSWAHL   232

REGISTER   232

Vorwort

Alles braucht einen Namen – nur dann können wir uns veständigen. Gegenstände, genau wie Personen – und eben auch Pflanzen. Wie einfach und praktisch wäre es, wenn alle Pflanzen deutsche Namen hätten! Warum muss man sich manchmal schon in Blumengeschäften, spätestens aber in Botanischen Gärten oder bei Reisen in fremde Länder mit komplizierten lateinischen Namen herumschlagen? Die Antwort ist einfach: Es gibt rund 250 000 verschiedene Pflanzen – und da muss man oft, um genau zu sein, zu wissenschaftlichen Benennungen greifen. Nur der Laie glaubt, der Name Eiche sei präzise, und ist dann überrascht, wenn er hört, dass es weltweit rund 400 verschiedene Eichen-Arten gibt! Dabei ist diese botanische Terminologie alles andere als schwer verständlich und darüber hinaus noch recht vergnüglich. »I am amused«, sagte die englische Königin 1838, als die schönste aller Seerosen nach ihr benannt wurde: *Victoria regia*. Eine Kulturgeschichte in Namen, die der geniale schwedische Botaniker Carl von Linné vor 250 Jahren begründete.

Dies ist nur einer der Aspekte, in die das vorliegende Buch eine unterhaltsame Einführung bietet. Nicht nur die Namen werden erklärt, sondern auch Geschichten über die ausgewählten Pflanzen erzählt. Die Autorin Dr. Elvira Groß ist Botanikerin und hat selbst zahlreiche neue Arten benannt: Sie plaudert gewissermaßen aus der Werkstatt. Ein lehrreiches und zugleich vergnügliches Buch über die Bedeutung der wissenschaftlichen Pflanzennamen – eine Bereicherung für die Bibliothek jedes Pflanzenfreundes.

Prof. Dr. Wilhelm Barthlott
Direktor des Botanischen Gartens der Universität Bonn

Einleitung

Das vorliegende Buch befasst sich mit der Entstehung, Bedeutung und dem Gebrauch wissenschaftlicher Pflanzennamen – es ist kein bloßes Wörterbuch. Anhand von ausgewählten Beispielen aus dem Reich der Botanik wird Interessantes und manchmal sehr Erstaunliches berichtet. Ergänzt durch zahlreiche Fotos entfaltet sich so ein breites Spektrum der Pflanzenwelt.

Es ist nur natürlich, dass man eine Sprache, die man nicht beherrscht, meidet. Viele botanisch Interessierte beachten deshalb die wissenschaftlichen Pflanzennamen nicht. Deren Handhabung und Bedeutung sind ihnen unbekannt. Damit entgehen ihnen Informationen über die Pflanzen, z. B. Aussagen über ihre Merkmale.

Die Grundkenntnisse der botanischen Nomenklatur – der Namensgebung – werden in den ersten Kapiteln vermittelt. Die hier erläuterten Regeln sind der erste Schritt zum Verständnis der Pflanzennamen.

Der Hauptteil des Buches ist der Bedeutung der Namen gewidmet. Die Gliederung ergibt sich aus der Herkunft der Namen. In den einzelnen Kapiteln wird zunächst eine allgemeine Erklärung des jeweiligen Themas vorangestellt, die durch einige Pflanzenbeispiele ergänzt wird. Es folgt eine Auflistung der Pflanzennamen, die dem jeweiligen Kapitel zuzuordnen sind. Meist handelt es sich um Artbezeichnungen, aber auch um Gattungsnamen, die direkt übersetzt sind. So entsteht ein kleines Vokabularium. Jedes Kapitel wird abgerundet durch ausgewählte Beispiele. Sie sollen die Namensgebung transparent machen, aber auch Einblicke in die Botanik geben, die spannend und unterhaltsam sein können.

Ein Namensregister hilft bei der Auffindung bestimmter Bezeichnungen. Natürlich wird kein Anspruch auf Vollständigkeit erhoben. Auch das Literaturverzeichnis stellt nur eine Auswahl an Quellen vor.

Je häufiger man sich mit den Pflanzennamen beschäftigt, desto geläufiger werden sie, bis sie schließlich eine verständliche, lebendige Bereicherung für jeden Pflanzenfreund sind.

Um eine Buchkonzeption zu verwirklichen, bedarf es eines Verlages mit vielen sachkundigen Fachleuten. Mein Dank gilt deshalb dem DuMont Buchverlag, insbesondere Herrn Dr. Thomas Hauffe, der Lektorin Martina Dürkop sowie den Mitarbeitern aus der Herstellung.

Herrn Professor Wilhelm Barthlott danke ich herzlich für die Anteilnahme am Projekt, seine Hilfsbereitschaft und für die Verfassung des Vorwortes. Er stellte außerdem zahlreiche Dias zur Verfügung, so dass das Buch reich bebildert werden konnte.

Viele Aufnahmen stammen von Herrn Professor Werner Rauh, Heidelberg, der vor kurzem verstarb und dem ich für die Nutzung seiner Diasammlung Dank schulde.

Für die Durchsicht des Manuskriptes bedanke ich mich bei meiner Schwester, Frau Dr. Barbara Riederer.

Herbst 2000
Elvira Groß

Carl von Linné, Leben und Werk

Carl von Linné ist es zu verdanken, dass die Benennung der Pflanzen einheitlich und konsequent durchgeführt wurde. Er ist der »Vater« der Nomenklatur, die mit seinem grundlegenden Werk »Species plantarum« im Jahr 1753 in Erscheinung trat.

Ein kurzer Abriss des Lebens und Wirkens Linnés wird deshalb den Kapiteln mit der heute gültigen Systematik und Nomenklatur vorangestellt, als Würdigung ihres Begründers.

Linné wurde in der Nacht vom 22. auf den 23. Mai 1707 in Råshult geboren, einem kleinen Hof nahe der Gemeinde Stenbrohult in Småland, Schweden. Sein Vater, Nils Linnaeus, war Hilfsprediger, seine Mutter Christina geb. Broderson war die Tochter des Gemeindepfarrers. Nach dessen Tod im Jahr 1709 wurde Nils Linnaeus zum Pfarrer bestellt.

Ein großes botanisches Interesse war bereits bei Nils Linnaeus vorhanden, der viel Freude an seinem Garten mit seltenen und schönen Pflanzen hatte. Auch nach dem Umzug ins Pfarrhaus in Stenbrohult wurde ein Garten mit Bäumen und Blumen angelegt, in dem Carl aufwuchs. Der Vater fand in seinem Sohn einen gelehrigen und aufmerksamen Schüler, der seine botanischen Neigungen teilte. Doch Carl sollte der Familientradition gemäß Geistlicher werden.

Carl von Linné

Der Schulunterricht konnte ihn aber wenig begeistern, und nur durch Nachhilfestunden schaffte er einen erfolgreichen Abschluss am Gymnasium. Seinem Nachhilfelehrer hatte er es zu verdanken, dass er 1727 das Studium der Medizin und Naturwissenschaft (und nicht der Theologie) an der Universität in Lund aufnehmen konnte. 1728 wechselte Linné zur Universität Uppsala, die ihm auf botanischem Gebiet mehr zu bieten hatte. Bereits 1730 erhielt er dort – noch als Student – einen Lehrauftrag für Botanik und die Aufsicht über den Botanischen Garten.

Eine Promotion war damals mit erheblichen Kosten verbunden und nur im Ausland möglich. Ein Freund riet Linné deshalb zur Heirat. Im Februar 1735 verlobte sich Linné mit einer Arzt-Tochter, die er kurz darauf mit einem Treuegelöbnis verließ, um in der niederländischen Universitätsstadt Harderwijk zu promovieren. (Es gibt keine Aufzeichnungen darüber, ob der zukünftige Schwiegervater an der Finanzierung dieser Promotionsreise beteiligt war.) Der Aufenthalt in Harderwijk dauerte nur wenige Tage, da Linné seine Dissertationsschrift bereits in Schweden verfasst hatte. Linné fuhr nach Leiden weiter. Hier wurde ihm die Stelle eines Vorstandes des privaten botanischen und zoologischen Gartens in Hartekamp, zwischen Haarlem und Leiden gelegen, angetragen, die er annahm und zwei Jahre lang inne hatte. In dieser Zeit veröffentlichte er auch einige botanische Schriften. Anschließend verbrachte er wenige Monate in Leiden und kurze Zeit in Paris und kehrte dann nach Schweden zurück, wo er sein Verlöbnis mit Sarah Elisabeth Moraea bekräftigte. Die Hochzeit verzögerte sich noch, bis Linné eine einträgliche Anstellung gefunden hatte. Im Mai 1739 war es soweit, er wurde zum Marinearzt ernannt, und im Juni 1739 vermählte er sich.

Als Linné im Mai 1741 zum Professor der Medizin in Uppsala berufen wurde, gab er seinen Arztberuf auf; nur noch Freunde oder Bedürftige betreute er medizinisch.

Von 1742 bis 1777 hatte er die Aufsicht über den Botanischen Garten und unterrichtete an der Universität die Fächer Botanik, Semiotik, Diätetik, Materia medica und allgemeine Naturgeschichte.

Im Jahr 1762 wurde Linné mit Rückwirkung auf das Jahr 1757 in den Adelsstand erhoben. Sein Wappen wird von seiner Lieblingsblume, *Linnaea borealis* (Moosglöckchen), geschmückt.

1763 wurde er von den Lehrverpflichtungen entbunden, und gleichzeitig wurde Linnés ältester Sohn Carl als Nachfolger designiert. Als Linné nach zwei Schlaganfällen schwer gezeichnet war, übernahm sein Sohn 1777 seinen Lehrstuhl.

Am 10. Januar 1778 starb Linné in Uppsala.

Linné hat ein außergewöhnliches Werk hinterlassen, und das nicht nur auf dem Gebiet der Botanik, die hier natürlich im Vordergrund steht. Er beschäftigte sich ebenso mit Mineralogie und Zoologie. Um eine solche Arbeit zu leisten, muss man nicht nur fleißig, sondern auch ein leidenschaftlicher Sammler sein. Linné war zudem ein ausgezeichneter Beobachter und konnte Zusammenhänge und Ähnlichkeiten schnell und sicher erkennen.

Wie bereits erwähnt, ist das grundlegende Werk für die Botanik »Species plantarum«, das 1753 in zwei Bänden mit insgesamt 1200 Seiten Umfang erschien. Darin wandte Linné erstmalig eine einheitliche Nomenklatur mit Doppelnamen (binäre Nomenklatur, s. S. 20) an. Sein System orientiert sich am Bau der pflanzlichen Geschlechtsorgane.

Die historische Entwicklung der Systematik beginnt bereits bei Platon und Aristoteles, die die Pflanzen in Bäume, Sträucher und Kräuter einteilten. Dies hatte Bestand bis ins 17. Jahrhundert. Erst dann erfolgte durch die Zeit der Entdeckungen ein außerordentlicher Erkenntniszuwachs über neue Pflanzen, und das Bedürfnis nach Ordnung und Gliederung wurde geweckt. Die im 16.

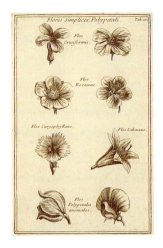

Blütenabbildungen aus Tournefort, 1719

Jahrhundert entstandenen Kräuterbücher (z. B. Brunfels 1532, Fuchs 1542, Bock 1551) enthalten Pflanzen, die vor allem als Arzneimittel nützlich sind, und stellen sie meist in regelloser Reihenfolge vor.

Als ein Begründer der Systematik darf der Basler Botaniker Caspar Bauhin (1560–1624) angesehen werden. Bei ihm finden sich bereits Anklänge an eine binäre Nomenklatur. In diesem Zusammenhang muss auch der englische Geistliche John Ray (1628–1705) genannt werden, der ein Pflanzensystem aufgrund von Ähnlichkeiten aufstellte und bereits ein- und zweikeimblättrige (mono- und dicotyle) Pflanzen unterschied. Der unmittelbare Vorläufer von Linné war Joseph Pitton de Tournefort (1656–1708), Professor am Botanischen Garten in Paris, dessen System auf der Beschaffenheit der Blütenkronen beruht. Linnés botanische Studien waren auf diesem System aufgebaut.

Die Benennung der Pflanzen mit Doppelnamen durch Linné war eine Revolution in der Wissenschaft. Vorher wurden die Pflanzen oft mehr beschrieben als benannt, so dass die Kürzung auf zwei Worte eine erhebliche Erleichterung und Verbesserung bedeutete.

Nicht unerwähnt sollte Linnés erfolgreichstes Werk bleiben, die »Systema naturae«, die erstmals 1735 erschien. Darin werden die drei Reiche der Mineralien, Pflanzen und Tiere abgehandelt. Eine Rezension erschien bereits vor Auslieferung des Buches; Linné hatte sie selbst verfasst, wie sich erst 1919 nachweisen ließ. Das Buch erfuhr 13 Auflagen, von denen Linné 12 erlebte.

Die Hierarchie im Pflanzenreich

Eine Gliederung nach sachlichen und logischen Zusammenhängen ist das Fundament jedes wissenschaftlichen Arbeitens. Die biologische Systematik befasst sich mit der Beschreibung, dem Vergleich und der Abgrenzung von Organismengruppen. Eine systematische Gruppe, d. h. eine Einheit des biologischen Systems, wird mit dem Begriff Taxon (Mehrzahl: Taxa) belegt. Ein solches Taxon kann jede Stufe des hierarchischen Systems einnehmen. Die Familie Asteraceae ist z. B. ein Taxon, aber auch die Art *Rosa rugosa*. Man spricht deshalb auch von der Taxonomie, wenn man die Abgrenzung der Gruppen und ihre Einstufung in das System betreibt. Oftmals wird aber Taxonomie anstelle der Bezeichnung Systematik verwendet, besonders im englischsprachigen Bereich.

Der zentrale Punkt der Klassifizierung ist die Art. Sie trägt, wie nachfolgend erläutert wird, einen wissenschaftlichen Namen, der aus zwei lateinischen oder latinisierten Wörtern besteht. Über den Artbegriff streiten sich die Wissenschaftler schon lange. Gemeinhin versteht man unter einer Art eine Gruppe von Individuen, die sich untereinander fortpflanzen, aber von anderen Gruppen durch ihre Fortpflanzung isoliert sind.

Arten, die in bestimmten Merkmalen übereinstimmen und deshalb Ähnlichkeiten aufweisen, werden zu Gattungen zusammengefasst, Gattungen zu Familien und so weiter. Ein solches hierarchisches Ordnungsprinzip begegnet uns auch anderweitig, beispielsweise im verwaltungspolitischen Bereich: mehrere Städte bilden Kreise, diese die Länder und die Länder die Staaten.

Die Rangstufen oder Kategorien des Pflanzensystems sind verbindlich. Es wird angestrebt, dass die Klassifizierung die Verwandtschaft der Gruppen untereinander und ihre Abgrenzung gegeneinander widerspiegelt.

Hierarchie im Pflanzenreich

Rangstufe	wissenschaftl. Name (Abkürzung)	Endung der taxonom. Einheit
Reich	regnum	
Unterreich	subregnum	-bionta
Abteilung	phylum	-phyta
Unterabteilung	subphylum	-phytina
Klasse	classis	-atae/-opsida
Unterklasse	subclassis	-idae
Überordnung	superordo	-anae
Ordnung	ordo	-ales
Familie	familia	-aceae
Unterfamilie	subfamilia	-oideae
Zweig	tribus	-eae
Unterzweig	subtribus	-inae
Gattung	genus	
Untergattung	subgenus	
Sektion	sectio (sect.)	
Untersektion	subsectio	
Serie	series (ser.)	
Aggregat	(agg.)	
Art	**species (spec./sp.)**	
Unterart	subspecies (subsp./ssp.)	
Varietät	varietas (var.)	
Form	forma (f.)	
Sorte	cultivar (cv.)	

Hierarchie im Pflanzenreich

taxonomische Einheit **Beispiel I**	taxonomische Einheit **Beispiel II**
Eucaryota	Eucaryota
Chlorobionta	Chlorobionta
Spermatophyta	Spermatophyta
Magnoliophytina	Magnoliophytina
Liliopsida	Rosopsida
-	Rosidae
Commelinanae	Rosanae
Bromeliales	Rosales
Bromeliaceae	Rosaceae
Tillandsioideae	Prunoideae
-	-
-	-
Tillandsia	*Prunus*
Tillandsia	*Prunus*
-	*Prunus*
-	-
-	-
-	-
Tillandsia fuchsii	***Prunus domestica***
-	ssp. *italica*
var. *fuchsii*	var. *claudiana*
f. *gracilis*	
	'Boddarts Reneclode'

Zwei konkrete Beispiele verdeutlichen den Sachverhalt: Die korrekten Namen der in das System (s. S. 17) eingefügten Taxa lauten wie folgt:

Beispiel I:
> *Tillandsia fuchsii* W. Till var. *fuchsii* f. *gracilis* W. Till. Es handelt sich um eine tropische Pflanze, die keinen deutschen Namen hat.

Beispiel II:
> *Prunus domestica* L. ssp. *italica* (Borkhausen) Gams var. *claudiana* (Poiret) Gams 'Boddarts Reneclode'.

Der deutsche Name für die Art ist Pflaume oder Zwetschge, die Unterart *italica* wird als Edel-Pflaume bezeichnet und hinter der Varietät *claudiana* verbirgt sich die Reineclaude oder Ringlotte, wobei 'Boddarts Reneclode' eine besondere Kultursorte ist.

Die wichtigste Rangstufe, die Art, ist in der vorstehenden Tabelle hervorgehoben.

Die beiden Beispiele zeigen, dass nicht alle und nicht immer dieselben Rangstufen belegt werden. Das ist jeweils abhängig vom Umfang einer Familie/Gattung/Art. Es gibt Familien, die nur aus einer Gattung bestehen wie die Parnassiaceae mit der einzigen Gattung *Parnassia*, und Gattungen mit nur einer Art wie *Aceras anthropophorum*. In diesen Fällen ist eine weitere Unterteilung nicht durchführbar. Sinnvoll ist eine Gliederung aber dort, wo viele Gattungen und/oder Arten zu verzeichnen sind.

Neben der Art spielt natürlich die Gattung eine herausragende Rolle und auch die Familienzugehörigkeit ist wichtig. Für den Hobbygärtner sind auch die Kategorien unterhalb der Art von Interesse. Die Sorten, die ausschließlich aus der Kultur kommen, sind besonderen Regeln bezüglich ihrer Benennung unterworfen (s. S. 22).

Eine kurze Erläuterung der obersten Kategorien soll zum Verständnis dennoch gegeben werden. In den letzten

Jahren haben sich hier grundlegende Änderungen vollzogen.

Das Reich der Eukaryota umfasst Algen, Pilze und grüne Pflanzen (= Chlorobionta). Unter Eukaryota versteht man Organismen, deren Zellen einen echten Zellkern besitzen, der von einer Doppelmembran umgeben ist. Ihnen stehen die Archaebakterien und Bakterien als eigenständige Reiche gegenüber. Das »Pflanzenreich« ist keine Abstammungsgemeinschaft und deshalb auch kein Taxon.

Die grünen Pflanzen (= Chlorobionta) bilden ein Unterreich, das aus den Abteilungen der Moose (Bryophyta), Farngewächse (Pteridophyta) und Samenpflanzen (Spermatophyta) zusammengesetzt ist. Letztere wiederum kann man grob in die Nacktsamer (Gymnospermae) und Bedecktsamer (Angiospermae) einteilen.

Die Angiospermen, die der Unterabteilung Magnoliophytina entsprechen, werden nicht mehr in ein- und zweikeimblättrige Pflanzen gegliedert. Neuere Untersuchungen, vor allem auf dem Gebiet der molekularen Genetik, präsentieren uns heute ein anderes Bild in der Pflanzentaxonomie. Aber je nach Methoden und Autor(en) kann dieses Bild unterschiedlich ausfallen. Man spricht von Einfurchenpolligen, die die Klassen der Piperopsida, Magnoliopsida und Liliopsida umfassen. Letztere sind uns als die herkömmlichen Monokotylen (einkeimblättrige Pflanzen) bekannt. Die Dreifurchenpolligen, die typischen Dikotylen (zweikeimblättrige Pflanzen), bestehen aus den Klassen Ranunculopsida und Rosopsida.

Die hier beschriebene Hierarchie wird in naher Zukunft keinen Bestand mehr haben. Oberhalb der Ordnung wird es keine der herkömmlichen Kategorien mehr geben. Für den Hobbybotaniker, der vor allem mit den Begriffen Art, Gattung und Familie umgeht, wird sich dadurch jedoch wenig ändern.

Die Benennung der Pflanzen

Die Benennung einer Pflanze ist die Grundlage für eine exakte Verständigung. Daher ist der Name lateinisch abgefasst, in der alten Sprache der Wissenschaft, um zu garantieren, dass er überall auf der Welt verstanden wird. Natürlich waren die Pflanzen nicht namenlos. Eine Fülle von Volksnamen belegen es. Doch diese Namen sind eben nur regional gebräuchlich und verständlich und würden deshalb auf internationaler Ebene eine babylonische Sprachverwirrung auslösen.

Der »Internationale Code der Botanischen Nomenklatur« beinhaltet verbindliche Regeln für die Erstbeschreibung und Benennung von Pflanzen. Es gibt auch eine zoologische Nomenklatur, die aber von der botanischen unabhängig ist.

Die »Geburtsstunde« einer neuen Pflanzenart oder -gattung ist nicht etwa ihre Entdeckung, sondern ihre Publikation mit einem korrekten Namen und einer kurzen lateinischen Beschreibung. Außerdem muss ein Typus hinterlegt werden, was meist in Form eines Herbarbeleges geschieht. Von der neuen Pflanze wird also ein Exemplar – oder Teile davon – gepresst und getrocknet, mit Namen und Daten versehen und einem anerkannten Herbarium übergeben.

Der korrekte wissenschaftliche Name einer Art ist zweiteilig. Er besteht aus dem Gattungsnamen und der Artbezeichnung oder Epitheton (= Beiwort). Der Gattungsname wird immer groß geschrieben. Das Epitheton sollte mit kleinem Anfangsbuchstaben geschrieben werden, ebenso alle Taxa unterhalb der Art. Es ist üblich, Taxa unterhalb der Familie in kursiver Schrift hervorzuheben. Kommt ein Gattungsname in einem Schriftstück wiederholt vor, kann man ihn mit seinem Anfangsbuchstaben abkürzen, sofern keine Verwechslungsgefahr be-

Centaurea nigra

steht (s. S. 27). In wissenschaftlichen Werken sieht man oft hinter dem Pflanzennamen einen weiteren Namen (s. u.) und evtl. eine Jahreszahl. Das ist der Autor, der die Pflanzenart erstmals beschrieben hat, und die Zahl gibt das Jahr an, in dem die Erstpublikation erfolgte.

Es kommt vor, dass eine Pflanzenart mehrere wissenschaftliche Namen besitzt. Das kann beispielsweise dadurch zustande kommen, dass zwei Botaniker sie unabhängig voneinander beschrieben haben. Laut botanischem Code gilt der Prioritätsgrundsatz: Jeweils der älteste Name hat Gültigkeit. Als Stichjahr wird die Erscheinung der Erstausgabe von Linnés »Species plantarum« festgelegt, also das Jahr 1753. Allerdings gibt es auch Ausnahmen von dieser Regel. Oft ergibt sich eine Änderung der Nomenklatur durch neue Kenntnisse, so dass ein Taxon in eine andere Rangstufe gestellt wird. Eine Pflanzenart hat nur einen korrekten Namen, die anderen werden als Synonyme (Abkürzung Syn.) bezeichnet.

Ein Beispiel soll das Dargelegte verdeutlichen:

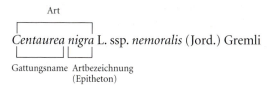

Die Schwarze Flockenblume, *Centaurea nigra*, wurde erstmals von Linné beschrieben, der immer mit L. abgekürzt wird. Die Unterart (ssp.) *nemoralis* wurde von Jordan (meist abgekürzt Jord.) ursprünglich als eigene Art, *C. nemoralis*, beschrieben, doch Gremli befand, dass die mit diesem Namen bezeichneten Pflanzen in die Verwandtschaft von *C. nigra* gehören und stellte deshalb die Unterart *nemoralis* auf. Wird eine Unterart beschrieben, so entsteht automatisch eine zweite Unterart, nämlich die, die zum Typus der Art gehört, in unserem Beispiel die ssp. *nigra*. Dieser Bezeichnung wird kein Autorenname angehängt, es ist ja derselbe wie für die Art.

Für die Nomenklatur der Kulturpflanzen gibt es einen eigenen internationalen Code. Die für diese Pflanzen eingeführte Rangstufe wird als Sorte (cultivar, abgekürzt cv.) bezeichnet. Im englischen bzw. französischen Sprachraum nennt man diese Pflanzenkategorie »variety/varieté«, was etwas verwirrend ist, denn mit der Varietät (var.) von Wildpflanzen hat sie nichts zu tun. Der Sortenname wird groß geschrieben und ihm wird cv. vorangestellt, oder er wird in einfache Anführungszeichen gesetzt.

Kreuzt man zwei Arten, entstehen Bastarde (Hybriden). Die Namen der gekreuzten Arten einer Gattung werden in alphabetischer Reihenfolge aufgeführt und mit einem Multiplikationszeichen (×) verbunden. Manchmal wird die neue Kreuzung mit einem neuen Namen belegt. Entsteht eine Verbindung zwischen zwei Arten verschiedener Gattungen, wird meist ein neuer Name, eine Kombination der Elterngattungen, vergeben und durch ein vorangestelltes Multiplikationszeichen kenntlich gemacht. Dazu einige Beispiele:

Primula 'Argus' ist eine Primelsorte, die aus Hybriden zwischen *P. auricula* und *P. hirsuta* gezüchtet wurde.

Die Kreuzung aus *P. hirsuta* × *P. latifolia* wird mit dem Namen *Primula* × *berninae* bezeichnet.

Gattungshybriden finden sich oft in der Orchideenzüchtung.

× *Laeliocattleya* ist eine Kreuzung zwischen einer *Laelia*- und einer *Cattleya*-Art.

Abschließend noch einige Bemerkungen zur Bildung der Familiennamen. An den Wortstamm des Namens einer typischen Gattung wird die Endung -aceae angehängt. Der Name Rosaceae z. B. wurde abgeleitet vom Gattungsnamen *Rosa*.

Es gibt eine Reihe von Familiennamen, die nicht dieser Regelung entsprechen, aber infolge langjähriger Benutzung als zulässige Ausnahmen gelten. Vereinfacht ergibt sich folgende Darstellung:

zulässiger Name	**heute gebräuchlich**
Compositae	Asteraceae
Cruciferae	Brassicaceae
Gramineae	Poaceae
Labiatae	Lamiaceae
Papilionaceae	Fabaceae
Palmae	Arecaceae
Umbelliferae	Apiaceae

Neue Erkenntnisse in der botanischen Forschung führen mitunter zu Änderungen der Familiennamen. Eine bestehende Familie etwa wird aufgespalten, so dass Familien mit neuen Namen entstehen, oder es werden, im gegenteiligen Fall, zwei (oder mehr) Familien zu einer zusammengefasst. In botanischen Werken treten deshalb je nach Ansicht der Autoren möglicherweise unterschiedliche Familien auf. Die Familien Alliaceae, Trilliaceae und Convallariaceae können z. B. eigenständig sein, oder ihre Gattungen werden in der Familie der Liliaceae mit eingeschlossen.

Die Bedeutung der Namen
Vorsilben

※ Pflanzennamen wird eine Silbe vorangestellt, um eine Eigenschaft zu umschreiben.

※ Mit den Vorsilben *a-* oder *in-* wird festgelegt, dass etwas nicht vorhanden oder verschieden ist: *aphyllus* bedeutet ohne Blätter. Das heißt, die Pflanze besitzt keine oder scheinbar keine Blätter. *Epipogium aphyllum* (Blattloser Widerbart) ist eine seltene europäische Orchideenart, die wirklich keine Blätter besitzt (und auch kein Blattgrün). Sie lebt in enger Gemeinschaft mit einem Pilz, der ihr die nötigen Nährstoffe liefert.

※ Unter- und über- wird durch voransetzen von *hypo-* und *hyper-* ausgedrückt. *Monotropa hypopitys*, unser heimischer Fichtenspargel, ist ein Schmarotzer, der die Wurzeln von Fichten anzapft, um ihnen Nährstoffe zu entziehen. Die Artbezeichnung *hypopitys: hypo* = unter, *pitys* = Fichte, beschreibt den Standort der Pflanze sehr treffend.

※ Die Vorsilbe *ob-* kehrt die bezeichnete Eigenschaft um. Die Form von Blättern ist oft eiförmig (oval), der Blattstiel befindet sich also am stumpfen Ende. Durch Ergänzung von *ob-* zu *obovatus* wird die Form zu verkehrt eiförmig; in diesem Fall schließt der Blattstiel an das spitzere Ende an.

※ Ein Merkmal, das nur schwach ausgebildet ist, wird durch voranstellen von *sub-*, eines, das stark hervortritt, durch *super-* ausgedrückt.

※ Schließlich gibt es noch eine Reihe von Vorsilben, die eine Anzahl definieren, entweder als Zahlwörter: *uni-* =

Epipogium aphyllum und Monotropa hypopitys

ein-, *bi-/di-* = zwei-, *tri-* = drei-, oder als Mengenangabe: *oligo-/pauci-* = wenig-, *multi-/pluri-/poly-* = viel-. Ein wichtiges Merkmal kann die Anzahl der Blüten sein. Durch *uniflorus* oder *biflorus* wird sofort klar, dass eine Pflanze ein- oder zweiblütig ist.

Tiefgründiges und Immerwährendes

Wer kennt sie nicht als kleinen Snack zwischendurch oder als herzhafte Knabberei am Abend: die Erdnuss. Und die Artbezeichnung von *Arachis hypogaea* verweist sie genau dorthin, wo sie heranreift, nämlich unter die Erde. Die Vorsilbe *hypo-* bedeutet unter oder unterhalb, das griechische Wort *ge* steht für Erde. Die Pflanze gehört zu den

Schmetterlingsblütlern (Fabaceae) und trägt auch die typischen Blüten dieser Familie an niederliegenden Sprossachsen. Nach der Bestäubung beginnt die Basis des Fruchtknotens zu wachsen und schiebt ihn in die Erde hinein, wo sich die Erdnussfrucht entwickelt. Fruchtknoten, die nicht in die Erde gelangen, weil die Blüten vielleicht zu weit vom Erdboden entfernt waren, entwickeln keine Früchte, sie sterben ab. Ursprünglich ist die Erdnuss in Südamerika beheimatet. Dort wurde sie schon sehr früh in Kultur genommen, was prähistorische Funde von Erdnusshülsen, vor allem aus der Küstenzone Perus, bezeugen. Doch seit dem 16. Jahrhundert wird diese Pflanze in den tropischen und subtropischen Regionen der ganzen Welt angebaut. Ihr hoher Fettgehalt macht sie zu einem bedeutenden Öllieferanten.

Eine ewig lebende Pflanze – der Wunschtraum eines Gärtners oder die Zukunftsvision eines Genetikers? Nein, es gibt sie bereits – wenn auch nur dem Namen nach: *Sempervivum*, die immer Lebende. Die zu den Dickblattgewächsen (Crassulaceae) gehörende Gattung bildet Rosetten mit fleischigen Blättern aus, die auch im Winter grün und vital aussehen. Nach der Blüte sterben die so genannten Mutterrosetten zwar ab, doch sie haben schon vorher durch reiche Ausläuferbildung für Tochterrosetten gesorgt. Viele Arten von *Sempervivum* sind in den europäischen Gebirgen, vor allem in den Alpen, beheimatet. Relativ große Rosetten besitzt *Sempervivum tectorum*, die Dach-Hauswurz oder Donnerwurz. In Norddeutschland wurde diese Art in früheren Zeiten auf das strohgedeckte

von links nach rechts: Sempervivum montanum, S. arachnoideum und Begonia-Semperflorens-Hybride

Dach gepflanzt, um das Haus vor Blitzschlag zu schützen. Tatsächlich war es so, dass sich die Pflanzen nur auf älteren, schon feuchten Dächern ansiedeln ließen, die gegen Blitzschlag weniger anfällig waren als neue, trockene Dächer. *Sempervivum montanum*, die Berg-Hauswurz, produziert viele kleine Rosetten, die dichte Polster bilden. Ebenso macht es *S. arachnoideum*, die Spinnweben-Hauswurz, deren Rosetten aber mit einem feinen, weißen Haargespinst überzogen sind. Die in der Natur eher seltene *S. wulfenii* ähnelt mit ihren Rosetten der Dach-Hauswurz, doch sie unterscheidet sich von allen bisher genannten Arten, die rosarot blühen, durch gelben Flor. Im Steingarten sind diese Pflanzen unentbehrlich. Als Fugenpflanzen in Trockenmauern, zum Überwachsen von Steinen und in Trögen und Schalen sind sie nicht zu übertreffen. Die Dachbegrünung ist ohnehin ihr Metier. Und dank einer regen Züchtungsarbeit steht ein riesiges Sortiment bereit.

Ein anderes, immer währendes Schauspiel bieten uns die *Begonia*-Semperflorens-Hybriden, die immer Blühenden. Diese Pflanzen entstanden aus Kreuzungen, vor allem von *Begonia cucculata* var. *hookeri* (Synonym: *Begonia semperflorens*) mit *Begonia gracilis*. Ab Mitte Mai bis zum einsetzenden Frost blühen diese Pflanzen unermüdlich und sind deshalb beliebte Beetpflanzen. Parks und Außenanlagen schmücken sie mit rotem, rosarotem oder weißem Flor. Ihrer üppigen Blütenpracht und Robustheit ist es auch zu verdanken, dass sie zum Standardsortiment für die Grabbepflanzung gehören.

Vorsilben

a-, ab-, abs-	un-, ohne, gegen
anti-	gegen
bi-	zwei-, doppelt
bis-	zwei-, doppelt
di-	zwei-, doppelt
hemi-, heter-, hetera-,	halb-
hetero-	verschieden
hyper-	über-, zwischen, übermäßig
hypo-	unter-, unterhalb
in-	un-, -los, ohne, nicht, auf, hinein
inter-	zwischen
multi-	viel-, reich-
ob-	verkehrt, ab-, vor-

Vorsilben

olig-, oligo-	wenig-
para-	neben
pauci-	wenig-, arm-
per-	durch, sehr
pluri-	viel-
poly-	viel-, reich-
prae-	sehr, früh, stark
semi-	halb-
semper-	immer
sub-	fast, etwas, schwach
super-	oben, über, stark
tri-	drei-
uni-	ein-

Endsilben

※ Ähnlich wie bei den Vorsilben gibt es auch bei den Endsilben solche, die eine Bezeichnung verkleinern oder abschwächen, wie die Endungen *-culus*, *-ulus*, oder sie aber steigern wie *-issimus*. Wenn eine Pflanze wohlriechend ist, könnte man sie *odoratus* nennen, wenn sie sehr gut duftet wird daraus *odoratissimus*.

※ Zahlreiche Endsilben besagen, dass etwas so ähnlich ist wie der davorstehende Begriff; *-aceus*, *-ides*, *-ineus*, *-ites* und *-oides* gehören zu diesem Typus. Eine Artbezeichnung wie *carduaceus* macht darauf aufmerksam, dass die Pflanze ein distelartiges Aussehen hat (*carduus* = Distel), *aloides* bedeutet eine Ähnlichkeit der Art mit der Gattung *Aloë* (s. a. S. 145).

※ Zum Träger bestimmter Dinge wird die Pflanze durch anhängen von *-fera* oder *-phora*. *Aceras anthropophorum* (Ohnsporn) besitzt Blüten mit menschenähnlicher Gestalt. So ist der Name »menschentragend« eine gute Bezeichnung.

※ Mit den Endungen *-cola* oder *-colus* und *-estris* werden Angaben über den Standort einer Pflanze gemacht (s. a. S. 156 ff.). Mit *arenicola* (*arenarius* = Sand) werden Arten bezeichnet, die in sandigen Böden vorkommen; sie sind sandbewohnend. Heißt eine Art *rupestris* (*rupes* = Felswand), so kann man daraus schließen, dass die Pflanze an Felswänden oder in Felsspalten wächst.

※ Schon immer war es auch gebräuchlich, eine neu entdeckte Art nach ihrem Fundort zu benennen (s. a. S. 186 ff.). So kommen Bezeichnungen wie *keniensis* (aus Kenia) oder *canariensis* (von den Kanarischen Inseln) zustande.

※ Wenn kein Ort, sondern eine Person als Namensgeber fungiert (s. a. S. 218), wird das durch die Endsilbe *-iana* deutlich. Der kleine Kaktus *Mammillaria backe-*

Aceras anthropophorum und Mammillaria backebergiana

bergiana ist nach dem deutschen Kakteenforscher Curt Backeberg (1894–1966) benannt.

Kanadischer Neubürger und Sandträger

Die Kanadische Goldrute, *Solidago canadensis*, ist eine Pflanze, die wohl jeder Naturliebhaber kennt. In dichten Beständen besiedelt sie Brachland, Schuttplätze und Böschungen. Also überall dort, wo sie viel Licht, Wärme und nährstoffreichen Boden erhält, ist sie anzutreffen. Dieses Bild der üppig wuchernden und wogenden Goldrute ist aber neueren Datums. Vor hundert Jahren war diese Pflanze noch selten, wie uns Verbreitungskarten zeigen. Wieso konnte sie sich erst in jüngster Zeit so ver-

breiten? Die Lösung ist ganz einfach. *Solidago canadensis* ist ein sogenannter Neubürger, ein Neophyt, und ursprünglich in den USA, Südkanada (daher auch die Artbezeichnung) bis nach Neu-Mexiko beheimatet. In Europa wurde die Goldrute als Zierpflanze gehalten, und aus den Gärten ist sie sozusagen ausgebrochen und verwildert. Seit dem 19. Jahrhundert ist sie nun auf dem Vormarsch und erobert immer mehr Land. Die Pflanze vermehrt sich vegetativ durch Ausläufer, deshalb auch die dichten Bestände. Neuland wird durch Samen erobert. In den dichten Blütenständen (Infloreszenzen) reifen unzählige kleine Fallschirmflieger heran, wie sie für die Familie der Korbblütler (Asteraceae) typisch sind. Kritisch wird es, wenn sich die Goldrute in Biotopen breit macht und dort die ursprüngliche Vegetation verdrängt. Eine positive Erscheinung ist sie dagegen bei Imkern, die die Pflanzen als Bienenweide schätzen. In Deutschland kommen nur vier Arten von Goldruten vor, von denen aber nur eine einzige hier ursprünglich heimisch ist, nämlich die Echte Goldrute, *Solidago virgaurea*. Außer der Kanadischen Goldrute sind auch *S. graminifolia*, die Grasblättrige Goldrute, und *S. gigantea*, die Riesen-Goldrute vom nordamerikanischen Kontinent eingewandert.

Solidago canadensis und Psammophora

Von der Üppigkeit der wuchernden Goldruten nun zu der Kargheit der südafrikanischen Wüstengebiete. Hier leben eine Reihe von Arten aus der Familie der Mittagsblumengewächse (Aizoaceae, früher als Mesembryanthemaceae bezeichnet). Dazu gehören auch die berühmten »Lebenden Steine«, die jedes Jahr nur ein Paar dickfleischiger Blätter ausbilden und in ihrer Färbung und Gestalt den Steinen ihrer Umgebung gleichen. Diese Erscheinung nennt man Mimese. Die Pflanze entzieht sich den Blicken, indem sie ihre Umgebung nachahmt. Die Blicke kommen in diesem Fall von Tieren, die in trockenen Regionen eine solch saftige Kost schätzen.

In diese Gruppe von Pflanzen gehört auch eine Gattung, die noch ein bisschen raffinierter zu Werke geht: Es ist *Psammophora* (*psammos* = Sand, *-phora* = tragend), der Sandträger. An kurzen Sprossachsen sitzen wenige Blattpaare, die bis zu 4 cm Länge erreichen können. Die Blätter sind dickfleischig, mit rauer Oberfläche. Durch diese Blattoberfläche wird eine klebrige Flüssigkeit ausgeschieden, die bewirkt, dass Sandkörnchen, die durch den Wind aufgewirbelt werden, auf den Blättern haften bleiben. So ist die Pflanze in eine dicke Sandkruste gehüllt. Das schützt sie zum einen vor Tierfraß, zum anderen vor zu hohem Wasserverlust durch Verdunstung. Nur zur Blütezeit wird ihre Tarnung aufgehoben, wenn sich die weißen oder violetten Blüten entfalten, die den Blütenständen unserer Korbblütler ähnlich sehen.

Endsilben

-aceus	-artig
-ascens	-werdend
-bundus	-voll, -reich
-charis	-liebend
-cola	-bewohnend
-culus	Verkleinerungsform
-ensis	ein Land oder einen Ort betreffend
-escens	werdend
-estris	den Standort betreffend
-fer, -fera, -ferum	-tragend
-ianus	Personen betreffend

Endsilben

-ides, -idius	-ähnlich
-ineus, -inus	-artig, beschaffen
-issimus	sehr
-ites	-ähnlich
-oides, -oideus	-ähnlich, -artig
-partitus	-teilig
-phora	-tragend
-ulus	Verkleinerung, Abschwächung

Allgemeine und besondere Merkmale

Optischer Eindruck und allgemeine Eigenschaften

※ Wir verwenden meist ein positives Attribut, wenn wir den ersten Eindruck wiedergeben wollen, den uns eine Pflanze vermittelt. So geht es auch oft den Autoren, die die Arten beschreiben, und mit *bellus*, *formosus* oder *speciosus* eine schöne Empfindung verewigen. Besonders attraktive Arten werden durch Namen wie *splendens*, *spectabilis* oder *mirabilis* gekennzeichnet. Sehenswert ist sie auch allemal, die *Bougainvillea spectabilis*, die mit ihrer unglaublichen Blütenfülle als Zierstrauch in tropischen und subtropischen Regionen anzutreffen ist. Die Gattung ist übrigens nach L. A. Comte de Bougainville (1729–1811) benannt, ihrem Mitentdecker, der die erste französische Weltumseglung als Kommandant leitete.

※ Etwas abwertend klingen dagegen die Begriffe *communis* oder *vulgaris*, die ihre Träger als gewöhnlich oder gemein ausweisen. Oft werden so Pflanzenarten bezeichnet, die relativ häufig vorkommen (oder wenigstens zur Zeit ihrer Beschreibung häufig vorgekommen sind). *Beta vulgaris* ist zwar gewöhnlich, aber sehr nützlich, denn aus dieser Art entstanden wichtige Kulturpflanzen wie Futter- und Zuckerrübe. Eine Pflanze mit dem Beinamen gewöhnlich oder gemein erscheint uns nur durch ihre Häufigkeit als weniger beachtenswert. *Lysimachia vulgaris*, der Gewöhnliche Gilbweiderich, ist eine stattliche Pflanze mit reichem, gelbem Blütenbesatz und durchaus eine nähere Betrachtung wert.

※ Nicht die äußeren, sondern die inneren Werte sind gefragt, wenn es um wahrhaft lebensnotwendige Dinge

Bougainvillea spectabilis und Lysimachia vulgaris

geht: ob eine Pflanze essbar, medizinisch wirksam oder aber giftig ist. *Edulis*, *officinalis* und *toxifera* geben Aufschluss über die Wirkung der Inhaltsstoffe. *Passiflora edulis* beispielsweise liefert Früchte, die vorwiegend zu Getränken (Maracujasaft) verarbeitet werden.

Wunderbares und Heilsames

Im Südwesten Afrikas erstreckt sich entlang der Küste eine Nebelwüste, die Namib. Dort wächst eine der spektakulärsten Pflanzen, die wir kennen, *Welwitschia mirabilis*. Sie bildet einen kurzen Stamm aus, deren oberirdischer Teil bis 1 m hoch wird und einem eingesenkten Trichter gleicht. An dessen Rand entspringen zwei bandförmige, ledrige Blätter, die der Pflanze zeitlebens (es kann ein Alter von 500 bis 600 Jahren erreicht werden) erhalten bleiben und ständig weiterwachsen. Sie können mehrere

Meter lang werden und sind, durch äußere Einwirkungen, meist zerschlitzt. Die Blüten sind in zapfenförmigen Blütenständen vereinigt. Ihr Bau verrät die Stellung von *Welwitschia* im Reich der Pflanzen: Sie gehört zu den Nacktsamern (Gymnospermen) wie auch alle unsere Nadelbäume. Eine Besonderheit stellen die Blüten insofern dar, dass sie zweihäusig verteilt sind; es gibt also weibliche und männliche Pflanzen. Auch anatomisch und cytologisch sind Merkmale zu verzeichnen, die *Welwitschia* eine isolierte Position zuweisen.

Welwitschia ist eine so genannte monotypische Gattung, das heißt, sie besteht nur aus der einen Art *W. mirabilis*. Sie trägt den Namen ihres Entdeckers, des österreichischen Arztes und Botanikers Dr. Friedrich Welwitsch, der im Auftrag des portugiesischen Königs Don Fernando im August 1853 zur Erforschung der portugiesischen Niederlassungen nach Angola reiste. Im Jahr 1859 entdeckte er in der angolanischen Wüste diese merkwürdige Pflanze, von der er sofort wusste, dass sie etwas Besonderes war. Nach eigener Schilderung kniete er auf dem heißen Sandboden nieder und starrte die Pflanze an, befürchtend, es wäre ein Trugbild, das sich wieder auflösen würde.

Der erste, der diese Art entdeckte und sammelte, war Welwitsch aber nicht. C. J. Anderson war schon 1857 auf dieses Pflanzenwunder gestoßen, doch durch Missverständnisse blieben seine Sammelexemplare in Kapstadt unbearbeitet liegen. Welwitsch sandte seinen Fund 1860

Welwitschia mirabilis und Taraxacum officinale

an Sir William J. Hooker in Kew und schlug den Eingeborenennamen Tumboa vor. Doch Hooker nannte die Pflanze *Welwitschia mirabilis* und schuf so dem Entdecker ein ehrendes Andenken.

Seit alters wurde das Wissen um die Heilwirkung von Pflanzen weitergegeben und lebt in der Volksmedizin fort. Erste wissenschaftliche Bearbeitungen solcher heilkräftigen Pflanzen wurden in sogenannten Kräuterbüchern festgehalten. Der Anbau der Kräuter wurde im Mittelalter durch die Klöster betrieben, die damals als ärztliche Versorgungszentren fungierten. Heilkräutergärten wurden später auch von den entstehenden Universitäten angelegt, und aus ihnen entwickelten sich schließlich die Botanischen Gärten. Viele der Heilkräuter weisen schon in ihrem Namen auf ihre medizinische Wirkung hin: *Borago officinalis* (Borretsch), *Calendula officinalis* (Garten-Ringelblume), *Levisticum officinale* (Liebstöckel), *Melissa officinalis* (Zitronen-Melisse), *Nasturtium officinale* (Brunnenkresse), *Rosmarinus officinalis* (Rosmarin), *Salvia officinalis* (Garten-Salbei), *Symphytum officinale* (Beinwell). Die Liste ließe sich noch verlängern. Viele dieser Pflanzenarten verwenden wir täglich in der Küche als Gewürze. Doch sie vermögen tatsächlich mehr, als den Speisen eine pikante Note zu verleihen, sie wirken wohltuend auf unseren Stoffwechsel ein. Selbst eine »Allerweltspflanze« wie der Löwenzahn (*Taraxacum officinale*) gehört zu den Arzneipflanzen. Ein Salat aus den jungen Blättern wirkt harntreibend und ein Teeaufguss daraus hilft gegen Leber- und Nierenleiden.

Optischer Eindruck und

bellatulus	niedlich
bellus	schön
communis	gemein, gewöhnlich
edulis	essbar
elegans	ausgewählt, elegant
esculenta	essbar
formosus	schön
magnificus	prächtig
mirabilis	wunderbar, seltsam
monstrosus	monströs, unnatürlich
officinalis	offizinell, arzneilich

allgemeine Eigenschaften

robustus	kräftig, hart
speciosus	schön, ansehnlich
spectabilis	sehenswert
splendens	prächtig, glänzend
superbus	prächtig
toxifera	Gift (tragend) liefernd
vescus	essbar
vulgaris	gemein, gewöhnlich

Größe

❋ Das erste Merkmal, das wir zu notieren hätten, wenn wir eine Art beschreiben wollten, ist die Größe der Pflanze. So ist es nicht verwunderlich, dass Namensattribute gewählt werden, die sich auf die Größe der Pflanze beziehen. Wird die Größe einer Art als charakteristisches, namengebendes Merkmal gewählt, wird dadurch vor allem das Größenverhältnis zu anderen Arten innerhalb der Gattung deutlich gemacht.

❋ Die Bezeichnungen *titanum* und *giganteum* stehen für riesige Ausmaße. *Carnegiea gigantea*, der Saguaro-Kaktus, ist ein Riese unter den Kakteen. Er ist in den Halbwüsten von Arizona über Kalifornien bis Nordmexiko verbreitet und kann bis zu 15 m Höhe erreichen. Mit *grandis* eigentlich zu schwach bewertet ist die Große Küsten-Tanne, *Abies grandis*, die 90 m hoch werden kann und damit zu den größten Bäumen auf unserer Erde zählt. Eine Steigerung der Ausmaße zeigt uns die Reihenfolge *magnus – major – maximus*, groß – größer – der Größte. Mit den Begriffen *elatus* und *excelsior* wird ein hoher, herausragender Wuchs umschrieben. Der Paranussbaum, *Bertholletia excelsa*, ist ein mächtiger Baum, der nicht treffender heißen könnte, denn in seiner südamerikanischen Heimat ragt er über das Kronendach des tropischen Regenwaldes hinaus.

❋ Mittlere Größen werden durch *medius* ausgedrückt, freilich eine sehr vage Angabe. Kleine Arten bezeichnet man mit *exiguus, minor, minus* oder *parvus*. *Vinca minor*, unser bekanntes Immergrün, hat im Mittelmeergebiet eine größere Schwester, nämlich *Vinca major*, das Große Immergrün. Ein zwergiger Wuchs wird durch *pumilus* oder *pygmaeus* beschrieben. Die aus Südwesteuropa stammende Art *Sesamoides pygmaea* aus der Reseda-Familie wird nur 10 cm hoch. Ihre blühenden Sprosse quellen fontänengleich aus dem kargen Boden.

Carnegiea gigantea und Sesamoides pygmaea

Riesen und Zwerge

Amorphophallus titanum, auch als Titanenwurz bekannt, ist ein Riese unter den krautigen Blütenpflanzen und hält auch sonst noch einige Überraschungen bereit.
Das Aronstabgewächs aus Sumatra entfaltet, wenn es denn einmal blüht, einen riesigen Blütenstand. Aus einer Knolle, die um die 50 kg schwer sein kann, treibt ein unförmig phallusartiger (daher der Gattungsname) Blütenstand aus, der von einem dunkelrot gefärbten, wie plissiert aussehenden Hochblatt umgeben ist. Die Höhe des gesamten Gebildes kann über 3 m betragen; in der Kultur werden selten 2 m erreicht. Dieser riesige Blütenstand verbraucht fast alle Nährstoffe, die die Knolle gespeichert hat. Nachdem die Titanenwurz ihre Aufgabe, die Blüten- und dann Samenbildung, erfüllt hat, stirbt sie ab und treibt ein Blatt aus, das durch Photosynthese wieder

Amorphophallus titanum und Sequoiadendron giganteum

Nährstoffe bildet und eine neue Knolle aufbauen kann. Aber auch dieses Blatt ist erstaunlich. Es ist in der Tat nur ein einziges gefiedertes Blatt, dessen Stiel einem Stamm gleicht. Dieser »Stamm« wird bis zu 5 m hoch und hat an der Basis einen Durchmesser von bis zu 20 cm. Durch eine raffinierte Leichtbauweise wird viel Material und damit Energie gespart, doch ist der »Stamm« dadurch sehr verletzlich. Abermals mit einem Trick wird auch dieser wunde Punkt beseitigt: Die dunkelgrüne Stieloberfläche ist mit unregelmäßigen grauen Flecken bedeckt. So wird Flechtenbewuchs vorgetäuscht. Flechten bilden sich wegen ihres langsamen Wachstums nur auf dauerhaften Strukturen, so dass der Blattstiel den Eindruck eines soliden, holzigen Stammes erweckt. Größere Tiere, die diesen »Stamm« leicht niedertrampeln könnten, gehen dem vermeintlichen Baumstamm aber lieber aus dem Weg.

Lemna minor und *L. minuta*, die Kleine und die Winzige Wasserlinse, sind Zwerge und allein schon wegen ihrer Kleinheit ein Wunderwerk der Natur. Es sind frei

schwimmende Wasserpflanzen, die in stehenden Gewässern mit geringer Wassertiefe vorkommen. Man kennt sie zum Beispiel von Dorfweihern, wo sie durch ihre starke vegetative Vermehrung die gesamte Oberfläche mit einer grünen Schicht überziehen können. Im Volksmund spricht man auch von Entengrütze. In der Tat bilden die Wasserlinsen für viele Fische und Wasservögel eine wichtige Nahrungsgrundlage. Die Pflanzen bestehen aus zwei bis fünf (*L. minor*) bzw. ein bis drei (*L. minuta*) linsenförmigen Sprossgliedern, die 2 bis 4 mm bzw. 2 bis 3 mm lang sind. *L. minor* kommt in allen gemäßigten Gebieten von Nordamerika, Europa und Westasien vor und ist auch inzwischen in Australien und Neuseeland eingebürgert. *L. minuta* ist bei uns ein Neubürger: Sie wurde erst 1966 für Mitteleuropa nachgewiesen. Ursprünglich kommt sie in den gemäßigten Zonen von Amerika vor. Alexander von Humboldt hat sie 1816 zusammen mit Bonpland und Kunth als neue Art beschrieben.
In dieselbe Familie (Lemnaceae) wie die Gattung *Lemna* gehört die kleinste Blütenpflanze, die wir kennen: *Wolffia*

Lemna minor

Betula nana

arrhiza (Wurzellose Zwerglinse), die fast weltweit verbreitet ist. Ihre Sprossglieder sind nur 1 mm groß. In Deutschland ist diese Art selten und als stark gefährdet einzuordnen. In Südostasien wird *Wolffia* als Gemüsepflanze genutzt, denn sie besitzt einen hohen Eiweißgehalt und zeichnet sich zudem durch eine hohe Produktivität aus.

Ein Riese unter den Bäumen ist *Sequoiadendron giganteum*, der Riesen-Mammutbaum, und ein Zwerg *Betula nana*, die Zwerg-Birke.
Der Riesen-Mammutbaum ist ein immergrüner Nadelbaum mit schuppenförmigen, blaugrünen, den Zweigen anliegenden Blättern. Er kommt in einem kleinen Areal in Kalifornien vor, am Westhang der Sierra Nevada, in 1800 bis 2400 m Höhe. Die Art wurde 1795 entdeckt, und Mitte des 19. Jahrhunderts begann man, die Bäume rücksichtslos zu fällen. Dem konnte rechtzeitig Einhalt geboten werden und die größten Exemplare wurden unter Schutz gestellt. Im Sequoia National Park werden die spektakulärsten Exemplare mit Namen belegt. Der be-

kannteste ist der »General-Sherman-Baum«, der etwa 85 m hoch ist und einen Stammumfang von 30 m hat. Aber auch altersmäßig sind diese Bäume rekordverdächtig: Die Ringzählung gefällter Mammutbäume ergab ein Lebensalter von bis zu 3200 Jahren, doch liegt das Durchschnittsalter der Bestände zwischen 400 und 1500 Jahren. Noch älter wird lediglich die Grannen-Kiefer (*Pinus aristata*), mit 4600 Jahren das älteste bekannte Lebewesen auf Erden.

Die Zwerg-Birke (*Betula nana*) wird nur 30 bis 100 cm hoch und ist eher als Strauch zu bezeichnen. Typischerweise ist sie in Hochmooren oder arktischen Tundren anzutreffen, wobei ihre Verbreitungsgrenzen mit eurosibirisch-nordamerikanisch umrissen werden können. In früheren Zeiten war sie viel weiter verbreitet, was Fossilfunde belegen. Mit ihrem niedrigen Wuchs ist die Zwerg-Birke bestens an die rauen Bedingungen der nördlichen Breiten angepasst. Ihre kleinen, fast kreisrunden Blätter machen sie zu einer filigranen Erscheinung, die einen Heidegarten sehr bereichern kann, falls man ihren Bodenansprüchen gerecht wird.

Grösse

deminutus	klein, vermindert
elatior	hoch, groß
elatus	hoch, groß
exaltatus	erhöht
excelsior	hoch, herausragen
exiguus	klein
giganteum	riesenhaft
gigas	Riese
grandis	groß
humilis	niedrig
magnus	groß
major	größer
maximus	der Größte
medius	mittel
minimus	der Kleinste

Grösse

minor	klein
minus	kleiner
minusculus	ziemlich klein
minutissimus	am allerkleinsten
minutus	sehr klein
nanus	Zwerg
parvulus	sehr klein
parvus	klein
perpusillus	sehr klein, winzig
procerus	hochgewachsen
pumilio	zwergenhaft
pumilus	Zwerg
pusillus	sehr klein, winzig
pygmaeus	zwergenhaft
titanum	riesenhaft

Gestalt der Pflanze

✽ Der Umriss einer Pflanze kann sehr charakteristisch und klar definierbar sein. Kugelige Gestalten werden mit *globosus* oder *sphaericus* bezeichnet. Wir finden diese Form oft bei sukkulenten, also wasserspeichernden Pflanzen wie z. B. *Euphorbia globosa* (Kugelige Wolfsmilch), die im afrikanischen Kapgebiet beheimatet ist. *Crassula columnaris*, eine ebenfalls sukkulente Art aus Südafrika, ist als junge Pflanze noch kugelig und wächst erst später zu einer vierkantigen Säule aus. Einen pyramidenförmigen Wuchs präsentiert uns eine Günsel-Art, *Ajuga pyramidalis*. Dieser Lippenblütler ist vor allem in den Alpen anzutreffen. Die typische Form wird dadurch erreicht, dass die Blätter von der Basis des Sprosses bis zur Spitze hin kontinuierlich kleiner werden. Mit *trigonus*, *quadrangularis* und *polygonus* bezeichnet man Pflanzen mit drei-, vier- und vieleckigem Körper.

Euphorbia globosa und Ajuga pyramidalis

❂ Zuweilen liefert auch die Wuchsform einen typischen Pflanzennamen. Wir wissen dann sofort, ob es sich um baumartige (*arborescens*), strauchige (*fruticans*), polsterförmige (*pulvinatus*) oder rasenbildende (*caespitosus*) Pflanzen handelt. Für die Auswahl von Gartenpflanzen aus Katalogen kann dieses Wissen sehr nützlich sein. Eine rasenbildende Pflanze ist nicht immer erwünscht und eine baumartige wird nicht überall Platz finden.

❂ Eine markante Gestalt haben Pflanzen, die Blattrosetten ausbilden; im Namen kann dann sowohl *rosulatus* als auch *acaulis* stehen. Letzteres bedeutet zwar stängellos, was aber meist dazu führt, dass die Blätter direkt auf dem Boden liegen und Rosetten bilden.

Stängellos und baumartig

Die stängellose Wuchsform findet man in den verschiedensten Pflanzenfamilien. Bei den Disteln gibt es gleich zwei bekannte Arten mit dem Boden aufliegenden Blattrosetten und sitzenden Blütenständen. *Carlina acaulis*, die Silberdistel, kommt in den Gebirgen Mittel-, Süd- und Osteuropas vor. Auf Magerwiesen und an Böschungen leuchten zur Blütezeit im August/September schon von weitem die strahlig-silbrigen Blütenständen aus dem dunkelgrünen, stacheligen Blättergewirr. Doch nur bei trockenem Wetter können wir uns an diesem Anblick erfreuen, denn der auffällige silberne Schauapparat der Blütenköpfe, der von den Hüllblättern gebildet wird, reagiert hygroskopisch. Das bedeutet, dass sich die Hüllblätter bei Feuchtigkeit zum Zentrum hin neigen und so die Blüten schützen.

Die Stängellose Kratzdistel (*Cirsium acaule*) hat ähnlich abweisende, weil stachelige, Blattrosetten wie die Silberdistel. Sie bevorzugt kalkhaltige Lehmböden und ist

Carlina acaulis und Silene acaulis

vorwiegend westlich und zentraleuropäisch verbreitet. Die schlanken Blütenköpfchen tragen einen Tuff röhrenförmiger, purpurner Blütenkronblätter.

Die Triebe des Stängellosen Leimkrautes (*Silene acaulis*) liegen nicht direkt auf dem Boden auf, sondern verzweigen sich so stark, dass sie insgesamt ein halbkugeliges, dichtes Polster bilden. Wie aufgesteckt erscheinen die kleinen, rosaroten Blüten. Diese Art ist in den Alpen heimisch, und zwar in Höhenlagen zwischen 2000 und 3000 m.

Auch *Gentiana acaulis*, der Stängellose Enzian, ist ein Alpenbewohner, ja sogar eine Symbolpflanze dieser Region. Im Frühsommer ist eine dicht mit Gruppen von enzianblauen Glockenblüten bedeckte Almwiese ein unvergesslicher Anblick. Auch diese Pflanzen sind Schönwetteranzeiger, denn bei bedecktem Himmel schließen sie ihre Blüten. Täuschend ähnlich ist *Gentiana clusii*, der aber nur auf kalkhaltigen Böden wächst, *G. acaulis* dagegen nur auf silikatreichen. Auch ein Blick in das Blüteninnere schafft schnell Klarheit: *G. clusii* ist einheitlich blau, *G. acaulis* ist mit olivgrünen Längsstreifen und Punkten gezeichnet.

Eine baumartige Pflanze aus der Familie der Osterluzeigewächse führt uns wieder in die Welt der botanischen Phänomene. Die Osterluzeigewächse (Aristolochiaceae)

Gentiana acaulis und Aristolochia arborea

sind hauptsächlich in den Subtropen und Tropen mit 600 Arten verbreitet. Darunter gibt es viele Lianen, aber auch krautige Vertreter und Sträucher oder Bäumchen wie *Aristolochia arborea*. Es ist ein kleiner Regenwaldbaum aus Zentralamerika, bei dem man vergeblich in der Krone nach den Blüten sucht. Diese entwickeln sich nämlich nur an der Stammbasis. Die Blüten sind helmförmig mit rotbrauner Musterung und weißer »Lippe«. Das Geheimnis ihrer Erdverbundenheit steckt aber in ihrem Inneren in Form eines Gebildes, das wie ein Hutpilz aussieht. Auf diese Weise werden Pilzmücken angelockt. Pilzmücken suchen Pilze auf, um dort ihre Eier abzulegen. Die Maden entwickeln sich dann bis zu ihrer Verpuppung im Pilz. Verschiedene Pflanzenarten haben sich dieses Verhalten zunutze gemacht, damit die Bestäubung ihrer Blüten gesichert ist, so auch *Aristolochia arborea*. Die Pilzmückenweibchen, angelockt von der Pilzattrappe, legen dort ihre Eier ab und vollziehen dabei die Bestäubung, nützlich für die Pflanze, aber tödlich für die Brut der Pilzmücke. Die Fernanlockung der Mücken erfolgt durch Duft, der aber für Menschen nicht wahrnehmbar ist. Damit sozusagen auch das Ambiente stimmt, sind die Blüten nicht nur bodennah orientiert, sondern sie stehen in ihrem Falllaub, da der Pilz, der imitiert wird, laubabbauend ist.

Gestalt der Pflanze

acaulis	stängellos
angularis	eckig, winklig
arborescens	baumartig
arboreus	baumähnlich
caespitosus	Rasen-, rasenbildend
columnaris	säulenförmig
fastigiatus	kegelig, zugespitzt
flexuosus	voller Krümmungen, geschlängelt
frutescens	halbstrauchig
fruticans	strauchig
furcatus	gegabelt

Gestalt der Pflanze

globosus	kugelrund
gracilis	schlank
polygonus	vieleckig, -winklig
polymorphus	vielgestaltig
pulvinatus	polsterförmig
pyramidalis	pyramidenförmig
quadrangularis	viereckig
rosulatus	rosettenförmig
sphaericus	kugelförmig
suffruticosus	halbstrauchig
trigonus	dreieckig

Wuchsrichtung

❃ Die Wuchsrichtung bestimmt das Gesamterscheinungsbild, das eine Pflanze bietet. Aufrechte (*erectus*) Sprosse erscheinen uns noch relativ »normal«. Bei Arten, die durch *decumbens* oder *repens* gekennzeichnet sind, dürfen wir Sprosse erwarten, die dem Boden aufliegen oder auch über den Untergrund kriechen. Viele Unkrautpflanzen wachsen so, etwa *Ranunculus repens*, der Kriechende Hahnenfuß. Aber auch Bodendecker gehören zu diesem Typus. Bei solchen Pflanzen kann der Wuchs auch ausgebreitet sein, mit verlängerten Trieben, die viel Raum einnehmen, was durch Namen wie *expansus*, *patens* und *prostratus* ausgedrückt wird.

❃ Herabhängende Sprosse können nur bei Pflanzen auftreten, die sich sozusagen auf einer höheren Ebene befinden. Das kann durch ihren Standort bedingt sein, wie ihn Felsen bieten oder Bäume. Hauptsächlich auf Bäumen leben epiphytische Pflanzen, also solche, die andere Pflanzen als Wuchsunterlage benutzen. Andere Arten bilden Stämme aus, so dass dann ihre Triebe überhängen oder

Ranunculus repens

Corylus avellana 'Contorta'

herabhängen können, wie es bei der Hänge-Birke (*Betula pendula*) der Fall ist.

❁ In den Luftraum gelangen auch Pflanzen, die mit ihren verlängerten Sprossen klettern. Namen wie *ascendens* oder *scandens* machen auf solche Wuchsformen aufmerksam.

❁ Eine äußerst dekorative Erscheinung entsteht durch gedrehten, gewundenen Wuchs. Das ist uns durch die Korkenzieher-Hasel bestens bekannt, die im zeitigen Frühjahr, wenn sie noch unbelaubt, aber durch die Kätzchen schon geschmückt ist, Aufsehen erregt. Sie ist eine Kulturform der Haselnuss und wird als *Corylus avellana* 'Contorta' bezeichnet.

Bodenständig und abgehoben

Es gibt zahlreiche Pflanzen, deren Sprosse lang auswachsen, um über den Untergrund zu kriechen. Auch Ausläuferbildung gehört zu diesem Typus. Meist sind es krautige Pflanzen, die so wachsen, wie der bereits erwähnte Kriechende Hahnenfuß. Um so überraschender ist es, diese Wuchsrichtung auch in einer Pflanzenfamilie zu finden, die sich durch dicke, wasserspeichernde Sprosse auszeichnet: die Kakteen.

Die peruanische Kakteengattung *Haageocereus* hat gleich mehrere Arten hervorgebracht, die einen niederliegend-kriechenden Wuchs haben. Stellvertretend werden zwei Arten vorgestellt, die ihr Aussehen auch in ihrem

Namen erkennen lassen: *Haageocereus decumbens* und *H. repens*. (Nach neueren Erkenntnissen ist der Name *Haageocereus repens* als Synonym zu betrachten. Der korrekte Name lautet: *Haageocereus pacalensis*.) Trotz gleicher Wuchsform zeigen beide jeweils ein charakteristisches Erscheinungsbild. *Haageocereus repens* kommt in der peruanischen Küstenwüste vor. Er bildet kurze, bis 1,50 m lange Säulen aus, die halb mit Sand bedeckt sind und nur mit ihren vorderen Enden hervorschauen. Das ganze macht den Eindruck, als ob eine Schar dicker Würmer durch den Sand kriecht, die erkundend das Kopfende erheben. Die ebenfalls kurzsäuligen Sprosse von *Haageocereus decumbens*, einem Bewohner der zentral- und südperuanischen Nebelwüste, sind vollkommen niederliegend. Sie weisen als weitere Besonderheit eine ausgeprägte Wachstumsrhythmik auf, die den klimatischen Verhältnissen des Standortes entspricht, nämlich dem Wechsel zwischen einer nebelreichen und einer nebelfreien Zeit.

Himmelwärts strebende Sprosse besitzt *Cobaea scandens* (Glockenrebe), eine Kletterpflanze, die aus Mexiko stammt und bei uns als »einjährige« Pflanze zur Begrünung von Wänden bestens geeignet ist.

Haageocereus pacalensis (Syn. H. repens) und Haageocereus decumbens

Cobaea scandens

Im März werden die großen Samen in Töpfen auf der Fensterbank zur Keimung gebracht. Bald entfalten sich zwei kräftige, ganzrandige Keimblätter, denen große, gefiederte Blätter folgen, die in Ranken enden. Deshalb sollten die Pflanzen auch, wenn sie ab Mitte Mai ins Freie ausgepflanzt werden, eine kleine Rankhilfe erhalten. Das kann einfach ein Blumendraht sein, der an der zu begrünenden Wand gespannt wird. Schöne Effekte lassen sich erzielen, wenn man die Pflanzen an einer Regenrinne oder einem Balkongeländer entlangleitet, denn *Cobaea* ist sehr wüchsig, kann aber im Herbst oder Winter problemlos wieder entfernt werden. Vorteilhaft ist, dass sie gegenüber Schädlingen sehr unempfindlich ist.

Leider lässt ihre Blühbereitschaft manchmal zu wünschen übrig, denn nur in warmen Sommern darf man einen reichen Flor erwarten, der spät einsetzt, aber dafür bis zum ersten Kälteeinbruch anhalten kann. Bei intensiver Sonneneinstrahlung färben sich die sonst tiefgrünen Blätter dunkelrot, ein zusätzlicher Schmuck. Die großen Glockenblüten werden an langen Stängeln aus dem Blattgewirr herausgestreckt und sind beim Aufblühen noch cremeweiß, färben sich aber bald in ein kräftiges Purpur. Die Staubblätter und der Griffel sind im unteren Teil der weit geöffneten Blüte angeordnet. Das sind Merkmale, die für eine Blüte sprechen, die von Fledermäusen bestäubt wird. Tatsächlich hat man das am heimatlichen Standort dieser Pflanzen beobachtet. Glücklicherweise sind die Blüten nicht nur eine Nacht geöffnet, sondern einige Tage zu bewundern, bevor die Blütenglocken abfallen.

Wuchsrichtung

ascendens	aufsteigend
assurgens	emporwachsend
compactus	kompakt, gedrungen
complanatus	geebnet, flach
compressus	flach, zusammen-gedrückt
contortus	verschlungen, gedreht
decumbens	niederliegend
erectus	aufgerichtet, gerade
expansus	ausgebreitet
horizontalis	waagrecht

Wuchsrichtung

patens	ausgebreitet
pendulus	herabhängend
procumbens	niederliegend
prostratus	ausgebreitet
repens	kriechend
scandens	kletternd
serpens	kriechend
suspensus	hängend
tortilis	gedreht, gewunden
tortus	gedreht, gewunden

Form und Anordnung der Blätter

❦

❋ Nachdem wir uns bisher mehr oder weniger mit der Pflanze als Gesamteinheit beschäftigt haben, geht es nun ins Detail. Die Form der Blätter sowie auch ihre Anordnung an den Trieben liefern einige Unterscheidungskriterien, die mitunter einen treffenden Namen abgeben. Schon die Auflistung der namengebenden Blattformen zeigt die Vielfalt, die die Natur hier geschaffen hat.

❋ Als Endung der Begriffe findet man oft *-folius* oder *-phyllus*, was mit -blättrig zu übersetzen ist. Es wird damit darauf hingewiesen, dass es sich um ein Blattmerkmal handelt.

❋ Recht einfache Bezeichnungen, die die Größe oder Breite der Blätter betreffen, sind *micro-* und *macrophyllus* oder *angusti-* und *latifolius*. Vom Stachelnüsschen (*Acae-*

Sagittaria sagittifolia und Blackstonia perfoliata

na), einer auf der Südhalbkugel verbreiteten Gattung meist immergrüner, mattenbildender Stauden, gibt es auch eine Art *Acaena microphylla*, die wegen ihrer auffallenden Früchte und der zierlichen Blätter gerne im Steingarten gepflanzt wird. Für die Staudenrabatte bietet sich die hochwüchsige *Campanula latifolia* (Breitblättrige Glockenblume) an.

❃ Eine Zahl in Verbindung mit Blättern gibt nur selten die Anzahl derselben an (s. unten), vielmehr bedeutet *millefolium* oder *Myriophyllum*, dass die Blätter aus vielen feingliedrigen Fiederblättchen zusammengesetzt sind wie bei unserer allseits bekannten Schafgarbe (*Achillea millefolium*). Auch bei der Gattung *Trifolium* (Klee) trägt eine Pflanze nicht nur drei Blätter, sondern ein einzelnes Blatt besteht aus drei Fiedern.

❃ Einfache Blattformen wie *ellipticus*, *lanceolatus* oder *rotundifolius* kann man sich gut vorstellen. Ein anschauliches Beispiel liefert der Spitz-Wegerich (*Plantago lanceolata*), der mit seinen lanzettlich-schmalen Blättern deutlich von seinem ebenfalls weit verbreiteten Gattungsgenossen, dem Breit-Wegerich (*Plantago major*) mit breit-elliptischen Blättern, zu unterscheiden ist. Begriffe wie *cochlearis*, *cordatus*, *cuneifolius*, *peltatus* oder *sagittifolius* bezeichnen markante Blattformen, die für sich sprechen. Es liegt in der Natur der Sache, dass Pflanzen, die Blattrosetten ausbilden, häufig durch die Form ihrer Blätter unterschieden werden. In der Gattung *Saxifraga* (Steinbrech) gibt es einige Arten, deren Blattform namengebend ist: *S. cochlearis*, *S. cuneifolia*, *S. longifolia*, *S. rotundifolia*. Das Schildblatt (*Darmera peltata*) ist eine beliebte Staude mit schildförmigen Blättern, die bis zu 60 cm Durchmesser erreichen können. Gleich doppelt ist die Blattform im Namen des Pfeilkrautes vertreten: *Sagittaria sagittifolia*. Es ist eine heimische Sumpfstaude aus der Familie der Froschlöffelgewächse.

❃ Eine Reihe von Arten wird auch dadurch charakterisiert, dass ihre Blätter denen anderer Gattungen ähnlich sind: *buxifolius*, buchsblättrig (*Buxus*); *geranifolius*, storchschnabelblättrig (*Geranium*); *hederaefolius*, efeublättrig (*Hedera*).

❋ Die Anordnung der Blätter an den Sprossen folgt bestimmten Regeln. Sie kann wechsel- oder gegenständig, zweizeilig oder quirlständig sein. Weitere Merkmale betreffen die Dichte der Blätter (*densi-*, *laxifolius*) oder das Fehlen eines Blattstieles (*sessilifolius*). Wenn eine Pflanze durchwachsenblättrig (*perfoliatus*) ist, bedeutet das, dass zwei gegenüberstehende Blätter mit ihrer Basis den Stängel eng umschließen und sich vereinigen.

❋ Hat eine Pflanze überhaupt keine Blätter, wird das durch *aphyllus* ausgedrückt (s. S. 24). Einkeimblättrige Zwiebelpflanzen bilden oft nur zwei Laubblätter aus wie unser heimischer Frühjahrsblüher *Scilla bifolia* (Zweiblättriger Blaustern).

Schmal- und rundblättrig

Der Echte Lavendel (*Lavandula angustifolia*) ist eine typische südeuropäische Art. Er bildet kleine Sträucher oder Halbsträucher, die gegenständig mit lanzettlichen bis linealischen Blättern besetzt sind, deren Rand etwas umgerollt ist. In der Jugend sind diese Blätter weißfilzig, sie verkahlen aber zunehmend, so dass das Grün wieder sichtbar wird. Die Blüten, die im Juli/August erscheinen, lassen schnell die Familienzugehörigkeit zu den Lippenblütlern erkennen. Sie stehen in ährenartigen Blütenständen beisammen, auf drahtigen Stielen. In den Blüten steckt auch das Unverwechselbare des Lavendels: sein Duft. Genauer gesagt sind es die Drüsenhaare der Kelchblätter, die ätherische Öle enthalten. Mit Hilfe von Dampf können sie herausdestilliert werden, um so das sehr intensive Lavendelöl zu erhalten. Man benötigt 500 kg

Blüten, um 1 kg Essenz zu gewinnen. Ursprünglich wurde diese Essenz für medizinische Zwecke eingesetzt, doch ist dieser Nutzen längst nebensächlich, denn der größte Teil geht an die Kosmetikindustrie.

Das Hauptanbaugebiet des Lavendels ist Südfrankreich, vor allem die Provence. Dort trifft man allenthalben auf die Felder mit den exakt getrimmten Lavendelbüschen, die zur Blütezeit einen phantastischen Anblick bieten. Inzwischen wird der Echte Lavendel nicht mehr so intensiv angebaut. Man ist auf robustere Pflanzen übergegangen, die aus einer Kreuzung von *Lavandula angustifolia* mit *L. latifolia*, dem Großen Speik, entstanden sind und als *Lavandula × intermedia* bezeichnet werden. Das Öl des Großen Speik, auch als Nardenöl bekannt, findet übrigens bei der Herstellung von Lacken für die Porzellanmalerei Verwendung.

Die jungen Blätter des Lavendels, die auch sehr aromatisch sind, werden als Gewürz genutzt; sie sind Bestandteil der berühmten »Kräuter der Provence«.

Die Gattung *Drosera* (Sonnentau) ist mit über 90 Arten auf beiden Erdhemisphären verbreitet. Fast alle Arten leben auf nährstoffarmen, sauren Böden. In den kühleren, gemäßigten Zonen ist *Drosera rotundifolia*, der Rundblättrige Sonnentau, zu Hause. In Hochmooren wächst er meist zwischen den *Sphagnum*-Moosen. Die Blätter sind die auffälligsten Organe der Pflanze. Sie sind rosettenförmig angeordnet und lang gestielt. An den rundlichen Blattspreiten, die bei starker Sonneneinstrah-

Lavandula angustifolia

Drosera rotundifolia

lung rot gefärbt sind, stehen viele Tentakel (Drüsen), die einen farblosen Schleimtropfen an ihrer Spitze tragen. Wenn die Sonne darauf scheint, glitzert dieser Tropfen wie Tau, daher auch der Name Sonnentau.

Lässt sich ein Insekt, angelockt durch den schimmernden, vermeintlichen Nektartropfen, auf einem Blatt nieder, so bleibt es an den klebrigen Drüsen hängen. Die Befreiungsversuche des Tieres lösen die Aktivität weiterer Tentakel aus, die sich alle über das Opfer krümmen und es so festhalten. Das kann sogar so weit gehen, dass sich das ganze Blatt einrollt. Nun werden Enzyme ausgeschieden, die das gefangene Tier bis auf seine Chitinteile auflösen.

Obwohl der Sonnentau schon früh die Aufmerksamkeit der Naturforscher auf sich zog, hat keiner seine wahre Natur als »Fleischfresser« (Karnivore) erkannt bzw. wahrhaben wollen. Denn es erschien einfach unmöglich, dass eine Pflanze dazu fähig ist, Tiere zu fangen und zu verdauen. Erst Charles Darwin stellte ausführliche Untersuchungen an und veröffentlichte seine Ergebnisse 1875 in dem Buch »Insectivorous Plants«.

Es gibt noch eine Reihe anderer Sonnentau-Arten, die ihren Namen aufgrund ihrer Blattform erhalten haben, z. B. *Drosera cuneifolia, D. linearis, D. macrophylla, D. peltata* und *D. spathulata*.

Anordnung der Blätter

alternifolia   wechselblättrig

aphyllus   blattlos

bifolius   zweiblättrig

decussatus   kreuzgegenständig

densifolius   dichtblättrig

distichus   zweizeilig

foliosus   reichblättrig

laxifolius   lockerblättrig

oppositifolius   gegenständig-
                   blättrig

perfoliatus   durchwachsen-
                   blättrig

sessilifolius   sitzendblättrig

verticillatus   quirlblättrig

Form der Blätter

-folius oder -phyllus	-blättrig
angustifolius	schmalblättrig
cochlearis	löffelartig
cordatus	herzblättrig
cuneifolius	keilblättrig
digitatus	gefingert
ellipticus	elliptisch
graminifolius	grasblättrig
incisus	eingeschnitten
integrifolius	ganzblättrig
lanceolatus	lanzettlich
latifolius	breitblättrig
linearifolius	linearblättrig
longifolius	langblättrig
macrophyllus	langblättrig

Form der Blätter

microphyllus	kleinblättrig
millefolium	tausendblättrig
mucronatus	mit einer Spitze
Myriophyllum	mit unzähligen Blättern (Tausendblatt)
obtusifolius	stumpfblättrig
palmatus	handförmig
peltatus	schildartig
pinnatifolius	fiederblättrig
rotundifolius	rundblättrig
sagittifolius	pfeilförmigblättrig
spathulifolius	spatelblättrig
stenophyllus	schmalblättrig
tenuifolius	dünn-, feinblättrig
Trifolium	Dreiblatt (Klee)
undulatus	wellig gebogen

Blüten- und Blütenstandsformen

❋ Grundsätzlich gilt es, zwischen Blüten und Blütenständen zu unterscheiden. Selten bildet eine Pflanze nur eine einzelne Blüte aus; meist sind es mehrere bis viele, die in einer bestimmten Anordnung an besonderen Sprossachsen stehen. Solche blütentragenden Sprossabschnitte nennt man Blütenstände oder Infloreszenzen.

❋ Die Blütenform wird dann als namengebend herangezogen, wenn sie außergewöhnlich ist oder einer bekannten Gestalt entspricht. Letzteres ist bei *campanulatus* der Fall, was auf glockenförmige Blüten außerhalb der Gattung *Campanula* verweist. Bei den Schmucklilien (*Agapanthus*), beliebten, blau blühenden Kübelpflanzen, gibt es z. B. eine Art *A. campanulatus*. Eine der schönsten Lein-Arten, *Linum campanulatum*, macht ebenfalls mit

Linum campanulatum und Campanula glomerata

ihrem Namen auf die glockenförmigen Blüten aufmerksam, die goldgelb erstrahlen. Eine besondere Form präsentieren uns die Blüten der Gattung *Calceolaria*, die kleinen Schuhen gleichen. Mit dem deutschen Namen heißen sie Pantoffelblumen. Die Gattung umfasst etwa 300 Arten, die in Mexiko, Zentral- und Südamerika verbreitet sind. Wir kennen vor allem zwei Gruppen dieser so attraktiv blühenden Pflanzen: die *C.* Herbohybrida-Gruppe, die als buschige Zweijährige als Topfpflanzen kultiviert werden und die *C.* Fructohybrida-Gruppe, die als Balkon- und Beetpflanzen einen lang währenden Blütenschmuck garantieren. Auch die Artbezeichnung *calceolus* beschreibt eine schuhförmige Blütenform. *Cypripedium calceolus*, der Frauenschuh, ist eine seltene heimische Orchideenart, die mit ihren großen, gelb-braunen Blüten nicht nur, wie es die Natur vorsieht, Insekten anlockt, sondern auch menschliche Interessenten, so dass die Bestände zum Teil stark dezimiert wurden.

❀ Der Aufbau und die Form des Blütenstandes ist ein wichtiges Merkmal und wird deshalb als Namensattribut oft genutzt. Rispe, Traube, Ähre und Dolde sind Begriffe, die botanisch genau definiert sind. Beispielsweise zeichnet sich eine Traube dadurch aus, dass die Einzelblüten, die an der Achse stehen, gestielt sind. Unsere Weintraube ist keine Traube in diesem Sinn, sondern eine Rispe, das ist eine mehrfach verzweigte Traube.

❀ Lediglich die Form des Blütenstandes kommt in Begriffen wie *globosus*, *glomeratus*, *pyramidalis* und *sphaerocephalus* zum Ausdruck. Unter den Glockenblumen-Arten (*Campanula*) gibt es eine, die nicht die bekannten lockerblütigen Blütenstände hat, sondern die Blüten sind knäuelig gehäuft, deshalb der Name *Campanula glomerata* (Geknäuelte Glockenblume). Mit der Endung -*cephalus* sind meist die kopfigen Blütenstände der Körbchenblütler (Asteraceae) gemeint. Ihre Blüten ahmen in ihrer Gesamtheit eine Einzelblüte nach, wofür die Sonnenblume (*Helianthus*) ein gutes Beispiel ist.

✽ Die Größe, Anzahl und Dichte der Blüten sind weitere Merkmale, die einen treffenden Namen abgeben können. Die Bezeichnung *grandiflorus* wird sehr gern vergeben, um hervorzuheben, dass eine Art innerhalb der Gattung sehr große Blüten besitzt. Im Falle der Großblütigen Gemswurz (*Doronicum grandiflorum*) sind diese »Blüten« allerdings tatsächlich Blütenstände, und auch das Einblütige Berufkraut (*Erigeron uniflorus*) entwickelt ein Blütenköpfchen, nicht eine einzelne Blüte. Bei *Pyrola uniflora* (Einblütiges Wintergrün) ist dagegen wirklich nur eine Einzelblüte pro Trieb vorhanden.

✽ Schließlich gibt es noch Namen, die besagen, dass eine Art so ähnliche Blüten besitzt wie eine andere (bekannte) Art. Beispiele dafür sind *Anemone narcissiflora*, das Berghähnlein, mit narzissenförmigen Blüten, und *Magnolia liliiflora*, die lilienblütige Purpur-Magnolie.

Spornblume und Ährige Teufelskralle

Die Gattung *Centranthus* (Spornblume) gehört zur Familie der Valerianaceae (Baldriangewächse). Diese ist mit 13 Gattungen und insgesamt 400 Arten in den gemäßigten Breiten der Nordhalbkugel und in Südamerika, hier vor allem in den Anden, verbreitet. Die Spornblumen umfassen nur neun Arten, die vorwiegend im Mittelmeergebiet beheimatet sind. Die häufigste Art, die auch oft als Zierpflanze kultiviert wird, ist *Centranthus ruber*, die Rote Spornblume. Es ist eine Staude, die bis zu 80 cm hoch werden kann, mit breitlanzettlichen Blättern, deren herzförmige Basen den Stängel umfassen. Die lang gespornten Blüten (daher der Gattungsname) sind typischerweise rot (Artbezeichnung), aber auch rosa oder

Centranthus ruber und Phyteuma spicatum

weiß. An sonnigen, warmen Plätzen gedeihen die Pflanzen am besten. In den wärmeren Regionen (Weinbauklima) von West- und Mitteleuropa ist diese Art gelegentlich auch verwildert anzutreffen. Im Garten ist *C. ruber* eine unempfindliche Pflanze und ein schöner, zuverlässiger Blüher. Einen Nachteil sollte man allerdings nicht verschweigen: Es werden viele mit einem Haarkranz versehene Früchte produziert, die vom Wind verbreitet werden und dann mit großem Erfolg überall auskeimen.

Die botanische Besonderheit der Roten Spornblume sind ihre Blüten, aber nicht nur wegen des Spornes. Fast alle Blüten im Pflanzenreich sind symmetrisch gebaut. Das heißt, man kann sie durch wenigstens eine Schnittebene in spiegelbildliche Hälften teilen. Die Blüten der Spornblume sind jedoch so gebaut, dass sie keine Symmetrieebene aufweisen. Die Blütenkronblätter sind zu einer schmalen Röhre verwachsen und bilden mit ihren freien Abschnitten eine stieltellerförmige Krone mit fünf ungleichen Zipfeln. Nahe der Basis der Kronröhre ist ein langer Sporn ausgebildet, der Nektar enthält. Es ist nur ein Staubblatt vorhanden, das mit dem Griffel weit aus der Blüte herausragt.

Im Mittelmeergebiet gibt es eine weitere Spornblumenart, *C. angustifolius*, die, wie die Artbezeichnung schon aussagt, schmale Blätter besitzt. Dadurch erhält sie gegenüber der Roten Spornblume ein filigraneres Erscheinungsbild.

Die Ährige Teufelskralle (*Phyteuma spicatum*) wurde bereits 1574 von Hieronymus Bock in seinem »Neuen Kräuterbuch« abgebildet. Die fleischige Wurzel ist essbar, ebenso die jungen Laubblätter. Das namengebende Merkmal, der ährige Blütenstand, wird bis zu 14 cm lang. In knospigem Zustand ist er zunächst kegelförmig, mit fortschreitendem Auf- und Abblühen wird er zylindrisch. Die Blüten sind weißlich mit grünlichen Spitzen und in der Knospe zur Achse hin gekrümmt, daher auch der deutsche Name »Teufelskralle«.

Die Teufelskrallen gehören in die Familie der Glockenblumengewächse (Campanulaceae), die eine erstaunliche Bestäubungsstrategie entwickelt haben, die Vormännlichkeit. Der Pollen in einer Blüte ist bereits reif, noch bevor ihre Narbe belegungsfähig ist. Erst zu einem späteren Zeitpunkt ist die Narbe bereit, Pollen aufzunehmen. Dadurch wird zunächst die Selbstbestäubung ausgeschlossen. In der geöffneten Blüte ist der Pollen auf den Haaren der Griffelsäule plaziert. Im weiteren Verlauf schlagen sich die Narbenlappen nach außen um und sind nun empfängnisbereit. Erfolgt keine Bestäubung durch Fremdpollen, haben die Pflanzen eine »Sicherung« eingebaut: Durch weiteres Einrollen der Narbenlappen wird der eigene Pollen aufgenommen und Selbstbestäubung vollzogen.

Auch der Blütenbau lohnt eine genauere Betrachtung. Die fünf Kronblätter sind verwachsen, lösen sich aber beim Aufblühen von unten nach oben voneinander. Nur ihre Spitzen bleiben vereinigt. Der sich streckende Griffel mit den anliegenden Staubblättern durchstößt die Kronblattspitze und ragt weit aus ihr heraus.

Blüten- und Blütenstandsformen

-anthus und -florus	-blütig
-petalus	-kronblättrig
biflorus	zweiblütig
botrytis	traubig
Calceolaria	kleiner Schuh (Pantoffelblume)
calceolus	schuhförmig
Campanula	Glöckchen (Glockenblume)
campanulatus	glöckchenförmig
Centranthus	Spornblume
cheilanthus	lippenblütig
confertiflorus	dichtblütig
corymbosus	doldentraubig
Dicentra	mit zwei Spornen (Tränendes Herz)

Blüten- und Blütenstandsformen

floribundus — reichblühend

floridus — blühend

globosus — Kugel-

glomeratus — Knäuel-

grandiflorus — großblütig

Helianthus — Sonnenblume

longiflorus — langblütig

longipetalus — langkronblättrig

macrocephalus — langköpfig

minimiflorus — sehr kleinblütig

monanthus — einblütig

monopetalus — einkronblättrig

multiflorus — vielblütig

Blüten- und Blütenstandsformen

octopetalus	achtkronblättrig
paniculatus	rispig
pauciflorus	wenigblütig
penduliflorus	hängendblütig
pyramidalis	pyramidenförmig
racemosus	Trauben-
ramosus	ästig
sphaerocephalus	kugelkopfig
spicatus	ährig
stellaris	sternförmig
thyrsiflorus	straußblütig
umbellatus	doldenblütig
uniflorus	einblütig

Muster auf Blättern und Blüten

❦ Eine Musterbildung kommt meist dadurch zustande, dass andersfarbige oder auch ungefärbte Bezirke gebildet werden. Je nach Größe und Anordnung solcher Pigmentflecken entstehen dann mehr oder weniger auffällige Zeichnungen auf den Laub- oder Blütenblättern.

❦ Die einfachsten Muster sind Punkte, Sprenkel oder Flecken. Die Pflanzen sind dann mit Namen wie *punctatus*, *conspersus* oder *maculatus* belegt. Bekannte Beispiele liefert die heimische Flora. Bei *Dactylorhiza maculata*, dem Gefleckten Knabenkraut, sind es die Laubblätter, die mit dunkelbraunen bis fast schwarzen Flecken versehen sind. Der Punktierte Enzian (*Gentiana punctata*) trägt dunkelviolette Punkte auf den sonst blassgelben Blüten.

❦ Verbinden sich die Flecken zu großflächigeren Mustern, entstehen leopardenfleckige oder netzförmige Zeichnungen oder eine Marmorierung. *Lilium pardalinum* (Panter-Lilie) aus Kalifornien besticht durch organgegelbe Blüten, die in der Mitte ein rotes Fleckenmuster aufweisen.

❦ Streifen und Bänder sind Blattmuster, die durch Farben gebildet werden. So besitzt *Cryptanthus bivittatus* zwei gelbliche Längsstreifen auf jedem Blatt, *C. zonatus* eine helle Beschuppung. Die beiden letzten Beispiele sind Arten aus der Familie der Ananasgewächse (Bromeliaceae), die einige schön gemusterte Pflanzen hervorgebracht hat. Die ebenfalls tropische Familie der Marantaceae enthält ornamentale Blattpflanzen wie *Maranta leuconeura*, *Calathea roseopicta* und *C. zebrina*. Nicht zuletzt sei noch auf unsere beliebteste Balkonpflanze, die Geranie, verwiesen, von der viele Sorten auf *Pelargonium zonale* zurückgehen, gekennzeichnet durch eine bräunlichrote Zone in der Mitte der Blätter.

Gentiana punctata und Maranta leuconeura

Schachbrettblume und gemusterte Blattrosetten

Die Gattung *Fritillaria* gehört zu den Liliengewächsen und ist ausschließlich auf der Nordhemisphäre zu finden. Sie umfasst annähernd 100 Arten. Das Hauptverbreitungsgebiet liegt in Asien. Es gibt verschiedene Deutungen des Namens: Zum einen heißt *fritillus* Würfelbecher und bezieht sich auf die Blütenform; zum anderen ist *Fritillus* ein Dame- oder Schachspiel. Die Felderung des Spielbrettes wird mit der Musterung der Blüten verglichen.

In Deutschland kommt nur eine Art, *Fritillaria meleagris*, die Schachbrettblume, vor. Die Artbezeichnung bedeutet »Perlhuhn« und verweist auch auf die ungewöhnliche schachbrettartige Musterung der Perigonblätter. (Bei den Liliengewächsen ist es häufig der Fall,

dass Kelch- und Kronblätter der Blüte gleichgestaltet und somit optisch nicht unterscheidbar sind; man spricht dann von Perigonblättern.) Die Schachbrettblume ist eine sehr selten gewordene Art, die in Deutschland bereits vom Aussterben bedroht und deshalb geschützt ist. Die Ursache für den Rückgang der Art war im 19. Jahrhundert die Attraktivität der Pflanze. Heute ist vor allem der Standort (feuchte Aueböden) durch Entwässerung und Düngung gefährdet.

Im Mittelmeergebiet kann man einige andere *Fritillaria*-Arten antreffen. Besonders elegant wirkt *F. pyrenaica*, die Pyrenäen-Schachbrettblume, mit braunpurpurnen Perigonblättern, durchwirkt von Gelb, das das Schachbrettmuster bildet und an den Blattspitzen das Braunpurpur ganz verdrängt.

Ein östlicher Vertreter der Gattung ist *F. imperialis*, die Kaiserkrone, die als beliebter Frühlingsblüher in Gärten und Parks angepflanzt wird. An den kräftigen Stängeln sind die gelben oder orangeroten Blütenglocken kranzförmig angeordnet und werden von einem Schopf grüner Hochblätter bekrönt. Bereits seit dem 16. Jahrhundert wird die Kaiserkrone in Europa kultiviert. Ihre ungewöhnliche Erscheinung hat viele Künstler dazu angeregt, sie in Stillleben abzubilden.

Neoregelia gehört zur Familie der Ananasgewächse (Bromeliaceae), umfasst rund 70 Arten und ist vorwiegend in den Regenwäldern Ostbrasiliens beheimatet. Der Name geht auf den deutschen Botaniker Eduard A. von Regel (1815–1892) zurück, der von 1855 bis zu sei-

von links nach rechts: Fritillaria meleagris, F. pyrenaica und Neoregelia marmorata

nem Tod dem Botanischen Garten St. Petersburg als Direktor vorstand. Da bereits eine Myrtaceengattung (*Regelia*) seinen Namen trug, wurde für die Bromeliengattung *Neoregelia* (die neue *Regelia*) gewählt. Die Pflanzen bilden trichterförmige Blattrosetten aus und wachsen als Aufsitzer (epiphytisch) in den Baumkronen. Diese Wuchsform ermöglicht es ihnen, Regenwasser zu sammeln, das dann durch spezielle Schuppen auf den Blättern der Pflanze zugeführt wird. Die Blütenstände sind im Zentrum der wassergefüllten Blattrosetten eingesenkt; man spricht von nistenden Infloreszenzen. Sie entwickeln sich unter Wasser, nur die geöffneten Blüten überragen den Wasserspiegel. Allerdings kann man auf diese Art wenig Aufmerksamkeit erregen, um Blütenbestäuber anzulocken. Deshalb wird die Auffälligkeit durch intensive Färbung des Rosettenzentrums zur Blütezeit bewirkt.

Nachfolgend werden einige Arten vorgestellt, deren Namen auf die Farbigkeit ihrer Blätter Bezug nehmen. Da es sich um tropische Pflanzen handelt, die noch nicht so lange in Kultur sind, gibt es keine deutschen Namen.

Neoregelia chlorosticta zeichnet sich durch grüne Punkte und Flecken auf ihren purpurbraunen Blättern aus und gleicht mit dieser Tracht *N. marmorata*, die aber breitere Blätter und unterschiedliche Blütenmerkmale hat. In der Kultur benötigen die Pflanzen einen hellen, sonnigen Standort, damit die Blattzeichnung ausgebildet wird. *N. concentrica* ist im nicht blühenden Zustand wenig spektakulär, doch färben sich die innersten Rosettenblätter (Herzblätter) zur Blütezeit leuchtend purpur.

Muster auf Blättern und Blüten

bivittatus	zweibänderig
chlorostictus	grün gepunktet
concentricus	konzentrisch, mit Mittelpunkt
conspersus	besprengt
fasciatus	gebändert
Fritillaria	Würfelbecher oder Schachspiel (Schachbrettblume)
Grammatophyllum	»Buchstabenblatt« (linienförmig gestreifte Blätter)
guttatus	getüpfelt, gesprenkelt
illitus	bemalt
inscriptus	beschrieben
leuconeurus	weißnervig
maculatus	gefleckt

Muster auf Blättern und Blüten

marmoratus — marmoriert

meleagris — Perlhuhn (-artig gefleckt)

ocellatus — mit einem kleinen Auge versehen

pardalinus — panterfleckig

pictus — gemalt

punctatus — Punkt-, punktiert

reticulatus — netzförmig

striatus — gestreift (oder gerieft)

tesselatus — gewürfelt, schachbrettartig

vittatus — gebändert

zebrinus — Zebra (gebändert)

zonatus — zoniert, gebändert

Oberflächen

❊ Die Oberfläche eines Blattes oder Sprosses kann optisch sehr unterschiedlich wirken: seidig, samtig oder rau und zudem Auswüchse in Form von Stacheln, Dornen, Haaren oder Drüsen tragen. Solche Strukturen können an der gesamten Pflanze vorhanden sein (die Blütenorgane meist ausgenommen) oder sich auf bestimmte Bezirke, wie Blattoberseite oder -unterseite und Blattrand, beschränken.

❊ Die Kartoffel-Rose (*Rosa rugosa*) erhielt den lateinischen Namen aufgrund ihrer derben, runzeligen Blätter. Da diese entfernt an eine Kartoffelpflanze erinnern, erklärt sich auch die deutsche Bezeichnung.

❊ Eine Oberfläche wird oft als rau bezeichnet, wenn sie (borstig) behaart ist. *Gentiana aspera*, der Raue Enzian, besitzt Blätter, die rauhaarig gesäumt sind.

❊ Stacheln sind Auswüchse der obersten Zellschicht, Dornen umgebildete Blätter oder Sprosse. Beide können

Ferocactus acanthodes und Hieracium villosum

das Aussehen (und auch die Handhabung) einer Pflanze stark beeinflussen. *Onosis spinosa* (Dornige Hauhechel) ist ein kleiner Strauch, der meist nur an der Basis bedornt ist. *Ferocactus acanthodes*, ein kurzsäuliger Kaktus aus Mexiko, besitzt zahlreiche rote bis gelbe Dornen. Er wird heute als *F. cylindraceus* bezeichnet.

❀ Haarbildungen sind im Pflanzenreich sehr häufig und vielgestaltig. Sehr dichte, wollige Haarkleider dienen als Verdunstungsschutz. Das dadurch resultierende markante Aussehen findet sich oft in der Namensgebung wieder. Bei den Habichtskräutern (*Hieracium*) sind eine Reihe von Arten nach ihrer Behaarung benannt, z. B. *H. pilosella*, Langhaariges Habichtskraut oder Mausohr, und *H. villosum*, das Zottige Habichtskraut.

❀ Schließlich können Drüsen der Pflanze eine klebrige Oberfläche verleihen wie bei *Salvia glutinosa* (Klebriger Salbei) oder bei *Lychnis viscaria*, der Pechnelke.

Stacheln und Haare

Die Stachelige Kratzdistel (*Cirsium spinosissimum*) hat gleich einen doppelt abschreckenden Namen, dabei ist die Bezeichnung stachelig noch untertrieben, denn *spinosissimum* bedeutet: sehr stachelig. Und so sieht sie auch aus: Sie strotzt vor nadelfeinen Spitzen. Es sind aber keine Stacheln, sondern Dornen, die ihr ein so wehrhaftes Äußeres verleihen. Die Blattspitzen und Teile der Blattränder haben sich zu Dornen umgewandelt.

In den Alpen findet man die Stachelige Kratzdistel auf nährstoffreichen, steinigen Böden und Weiden in einer Höhenlage von 1500 bis 3000 m. Sie blüht für alpine Verhältnisse relativ spät im Jahr, von Juli/August bis in den September hinein. Viele Alpenpflanzen blühen bereits im Juni und Juli, da der Sommer in diesen Regionen sehr kurz ist und nicht viel Zeit für die Fruchtbildung bleibt. Die köpfchenförmigen Blütenstände mit den blassgelben Blüten werden von zahlreichen, bleichen, stechenden Blättern umhüllt. Die Pflanzen erreichen eine Höhe von bis zu 50 cm (bisweilen werden sie auch höher) und sind weithin sichtbar. Vor den weidenden Kühen sind sie durch ihr Dornenkleid weitgehend sicher. Fraßschutz ist wohl auch der Sinn dieser Tracht. Dennoch ist dieser Schutz nicht vollkommen, denn die jungen Blütenköpfe werden zuweilen doch gefressen.

Die Gattung *Cirsium* hat eine nordhemisphärische Verbreitung, mit Schwerpunkten in Südeuropa und Vorderasien. Ihr gehören etwa 250 Arten an, von denen 60 in Europa vorkommen. Der Gattungsname *Cirsium* geht auf den griechischen Arzt und Naturforscher Dioskurides (1. Jahrhundert n. Chr.) zurück, der eine fünfbändige Arzneimittellehre mit über 600 Pflanzen verfasste. Darin bezeichnete er mit »kirsion« eine Distelart, die gegen Krampfadern (kirsos) eingesetzt wurde.

Wolle tragend: Das ist wirklich ein passender Name für eine Sauergras-Gattung, die im Deutschen mit Wollgras bezeichnet wird. *Eriophorum* umfasst etwa 15 Arten, die vor allem in den kälteren Regionen der Nordhalbkugel vorkommen. Es sind Pflanzen, die vorwiegend in Mooren wachsen, also nasse und saure Böden bevorzugen, zum Teil bestandsbildend auftreten und dadurch der Landschaft ein besonderes Gepräge geben.

Wie bei fast allen Sauergräsern ist auch bei *Eriophorum* der Stängel (wenigstens im oberen Bereich) dreikantig, bei Süßgräsern ist er rund. Der Blütenstand besteht aus einer einzigen endständigen Ähre oder mehreren Ähren, die nach der Blüte überhängen. Die »Wolle« wird von Perigonborsten (Perigon s. S. 80) gebildet, die sich nach der Blüte stark verlängern, so dass ovale bis kugelige, weiße Wollbälle entstehen. Das blendende Weiß dieser Gebilde kommt dadurch zustande, dass die Haare luftergefüllt sind und das Licht eine Totalreflexion erfährt. Doch

Cirsium spinosissimum und Eriophorum scheuchzeri

das ist für den eigentlichen Zweck dieser Wollköpfe nur von zweitrangiger Bedeutung. Wichtig ist die Leichtigkeit der Haare, die mit den Früchten verbunden bleiben und ihnen so als Schwebeeinrichtung dienen.

Heimisch sind bei uns fünf Arten: *Eriophorum angustifolium* (Schmalblättriges Wollgras), *E. latifolium* (Breitblättriges Wollgras), *E. gracile* (Schlankes Wollgras), *E. vaginatum* (Scheidiges Wollgras) und *E. scheuchzeri* (Scheuchzers Wollgras). Die ersten drei Arten besitzen mehrere überhängende Ähren, die beiden letzten Arten entwickeln nur eine einzige, aufrechte Ähre. *E. scheuchzeri*, die schönste der fünf Arten, ist weniger in Mooren zu finden; dieses Wollgras ist vielmehr eine Verlandungspflanze von kleinen Tümpeln und Seen in den höheren Regionen der Alpen. Die Artbezeichnung ehrt den Schweizer Arzt und Naturforscher Johann J. Scheuchzer (1672–1733), der sich unter anderem mit fossilen Pflanzen beschäftigt hat.

Oberflächen

acanthodes	dornig, stachelig
armatus	bewaffnet (dornig)
asper	rau
barbatus	bärtig
bombycinus	seidenartig
ciliaris	bewimpert
crinitus	langhaarig
crispus	kraus
Eriophorum	Wolle tragend (Wollgras)
farinosus	mehlig
fimbriatus	gefranst, gewimpert
fulgens	glänzend
glaber	glatt, kahl
glandulosus	voller Drüsen
glutinosus	klebrig
hirsutus	haarig, behaart
hispidus	rau
horridus	starrend, struppig

Oberflächen

laevigatus	glatt
lanatus	wollig
lanuginosus	wollig
lucidus	glänzend
nitidus	glänzend
pilosus	behaart, haarig
pubescens	Flaum bekommend
rugosus	runzelig
scaber	rau, kratzig
setosus	borstig, behaart
spinosus	dornig, stachelig
squarrosus	schorfig
striatus	gerieft (u. gestreift)
tomentosus	filzig
undulatus	wellig gebogen
velutinus	samtartig
villosus	zottig, rau
viscosus	klebrig

Farben
Farbig und farblos

❋ Die Erwähnung der Farbigkeit als markantes, namengebendes Merkmal bezieht sich nicht nur auf die Blüten einer Pflanze, sondern kann auch die Blätter betreffen, die eben nicht »normal« grün sind. Überaus interessante Blattpflanzen sind die Begonien (*Begonia*). *Begonia versicolor* besitzt sehr farbenfrohe Blätter, die rötlichbraun, apfelgrün und silbern gefärbt sind und von kastanienbraunen, gefleckten Adern durchzogen werden. Bei *Iris variegata* und *I. versicolor* sind natürlich keine bunten Blätter zu erwarten. Hier sind die Blüten mehrfarbig.

❋ In vielen Pflanzenkatalogen werden Sorten angeboten, die den Zusatz 'Variegata' tragen. Hierbei handelt es sich um Pflanzen mit panaschierten Blättern, das sind solche,

Convolvulus tricolor und Mesembryanthemum crystallinum

bei denen blattgrünfreie Bezirke auftreten. Diese Pflanzen sind durch Mutation entstanden und können in dieser Form nur vegetativ vermehrt werden. Attribute wie *bicolor* und *tricolor* beziehen sich meist auf die Blüten einer Art. *Eucomis bicolor* (Schopflilie) ist eine ungewöhnliche zwiebelbildende Staude aus Südafrika. Sie besitzt einen nahezu zylindrischen Blütenstand mit grünen, purpur gesäumten Blüten, der mit einem grünen Blattschopf abschließt. *Convolvulus tricolor*, eine einjährige Winden-Art aus dem Mittelmeergebiet, entwickelt dreifarbige (blau, weiß, gelb) Trichterblüten.

❀ Nicht als Farbe zu definieren ist der Ausdruck bleich oder blass. *Orchis pallens*, das Blasse Knabenkraut, hat hellgelbe Blüten ohne jede Zeichnung, so dass sie eben blass wirken.

❀ Bei *Mesembryanthemum crystallinum* (Eiskraut, Kristall-Mittagsblume) gibt es farblose, durchscheinende Bezirke, die die Blattränder säumen. Das sind wassergefüllte Zellen, die in der Sonne wie Eiskristalle glitzern.

Buntblättrige Aloë und dreifarbige Viola

Als blattsukkulente, rosettenbildende Pflanzen von niedrigem Wuchs sind viele *Aloë*-Arten in Kultur genommen worden. Und dies um so lieber, wenn die Pflanzen auch in nichtblühendem Zustand eine dekorative Erscheinung abgeben. Die Tiger- oder Bunte Aloë (*Aloë variegata*) gehört zu dieser Pflanzengruppe, die früher in keinem Blumenfenster fehlen durfte. Die sehr kurze Sprossachse trägt lanzettliche, sukkulente (wasserspeichernde) Blätter, die in drei zuweilen spiralig verdrehten Zeilen angeordnet sind. Die Blätter, die in eine scharfe Spitze auslaufen,

haben einen knorpeligen Rand und sind auf dunkelgrünem Grund linienförmig weiß gefleckt. Meist im zeitigen Frühjahr erscheinen die bis zu 30 cm langen Blütenstände. Daran sind die zylindrischen Blüten so angeordnet, dass sie abstehend bis abwärts ausgerichtet sind. Ihre Farbe variiert von Zinnober- bis Scharlachrot. Die Nerven treten grün hervor. Die Bestäubung solcher Blüten erfolgt durch Honigvögel, was besagt, dass die Art in der Alten Welt beheimatet ist. In der Neuen Welt sind Kolibris die bestäubenden Vögel.

Aloë variegata stammt aus der Karroo in Südafrika. Daher ist sie sehr tolerant gegenüber Trockenheit, die beste Voraussetzung für eine Zimmerkultur. Allerdings sollte die Pflanze im Winter nicht in geheizten Wohnräumen kultiviert werden; bei 10° C und hellem Standort übersteht sie diese Jahreszeit problemlos, wenn sie trocken gehalten wird.

Der Name *Aloë* ist auf einen alten arabischen Pflanzennamen zurückzuführen, der auf »bitter« hindeutet. Tatsächlich enthalten viele Arten in ihren Blättern einen bitteren Saft. Bei der früher viel kultivierten *Aloë arborescens* wird der Saft als Heilmittel bei Brandwunden eingesetzt, und in der Kosmetikindustrie verwendet man jetzt wieder verstärkt *Aloë vera* als Hautbalsam.

Viola tricolor, das Wilde oder Echte Stiefmütterchen, ist eine in Europa allgemein verbreitete Art, die nur in den südlichsten und nördlichsten Regionen fehlt. Ihre Blüten zeichnen sich durch Dreifarbigkeit aus. Die zwei

Aloë variegata und Viola tricolor

seitlichen Kronblätter sind nach oben ausgerichtet. So unterscheiden sie sich von den Veilchen, bei denen die beiden seitlichen Kronblätter abwärts weisen. Farblich variieren die Blüten; meist sind die beiden oberen Kronblätter blauviolett, das untere ist gelb, vor allem zum Schlund hin, die beiden seitlichen sind weißlich oder auch blauviolett. Außerdem ist zum Blütenzentrum hin eine dunkle, strichförmige Aderung ausgebildet, jedoch nicht bei den beiden oberen Kronblättern.

Die Pflanzen werden bis zu 30 cm hoch. An ihren Standort stellen sie keine zu großen Ansprüche. Sie wachsen auf Wiesen, an Wegrändern und auf Brachen. Trotzdem ist die Art heute selten geworden. Die Blütezeit reicht von Mai bis September. Dann kann man Hummeln, Bienen und andere Hautflügler als Blütenbesucher beobachten. Die dunkle Aderung der unteren Kronblätter dient den Insekten als Orientierungshilfe bei der Nektarsuche.

Natürlich muss in diesem Zusammenhang auch das Garten-Stiefmütterchen (*Viola* × *wittrockiana*) erwähnt werden, das aus Kreuzungen von *V. altaica*, *V. cornuta*, *V. lutea* und *V. tricolor* entstanden ist. Die farbenfrohen Blüten sind mit 6 bis 10 cm deutlich größer als bei den Arten. Es werden heute zahlreiche Sorten angeboten, deren Züchtungsziele vor allem die Farbenskala der Blüten betreffen. So gibt es inzwischen einfarbige und zweifarbige Blüten, aber auch die herkömmlichen dreifarbigen Varianten.

Auch von *Viola tricolor* gibt es einige Sorten im Handel, so dass man sich für jede Gartensituation farblich passende Pflanzen auswählen kann.

Farbig und farblos

bicolor	zweifarbig
concolor	gleichfarbig
crystallinus	Kristall-, Eis-
diaphanus	durchscheinend
discolor	bunt, verschiedenfarbig
decoloratus	verfärbt, entfärbt
dichromus	zweifarbig
fucatus	gefärbt, verfälscht
pallens, pallidus	bleich, blass
pallescens	erblassend
pellucidus	durchsichtig

Farbig und farblos

picturatus	bunt, gemalt
polychromus	vielfarbig, bunt
tricolor	dreifarbig
unicolor	einfarbig
variegatus	bunt schillernd
varius	bunt
versicolor	bunt

Weiß in verschiedenen Abstufungen

❁ Weiß ist eigentlich gar keine Farbe. Weiß erscheint ein Objekt dann, wenn das auftreffende Licht vollständig reflektiert wird. Wie ruft nun die Pflanze die optische Wirkung von Weiß hervor? Selten lassen farblose Pigmente die weißen Flächen entstehen. In den meisten Fällen ist es der gleiche Effekt, den auch frisch gefallener Schnee zeigt: Luftgefüllte Hohlräume verursachen eine totale Lichtreflexion, so dass der Eindruck von Weiß entsteht. Das kann in Blütenblättern vorkommen, aber auch in Laubblättern oder in Haaren auf den Blättern.

❁ In vielen Pflanzengattungen gibt es weißblütige Arten, die das Namensattribut *albus* erhielten: *Sedum album* (Weißer Mauerpfeffer), *Veratrum album* (Weißer Germer), *Viola alba* (Pfingst-Veilchen).

❁ Besondere Weißtönungen finden sich in *Androsace lactea* (Milchweißer Mannsschild), *Anaphalis margaritacea* (Silberimmortelle), deren Blütenköpfchen die Form und den Schimmer einer Perle haben, und *Angraecum eburneum*, einer tropischen Orchidee mit großen, elfenbeinweißen Blüten.

❈ *Plantago nivalis*, eine Wegerich-Art aus der Sierra Nevada in Spanien, erhält sein schneeweißes Aussehen durch lange Seidenhaare auf den Blättern. Das heimische Silber-Fingerkraut (*Potentilla argentea*) zeichnet sich durch Blätter aus, die auf der Unterseite weißfilzig sind.
❈ Manche wissenschaftlichen Pflanzennamen beginnen mit dem Wortteil *leuco-*, was ebenfalls weiß- bedeutet (z. B. *leuconeurus*, s. a. S. 78). Die Gattung *Leucophyta* (*phyton* = Pflanze) umfasst 18 Arten meist weißwollig beblätterter Pflanzen; sie ist in Australien beheimatet.

Weiße und schneeweiße Blüten

Der Weiße Affodill (*Asphodelus albus*) ist eine Charakterpflanze des Mittelmeerraumes. Aus dem Zentrum einer grundständigen Rosette mit bis zu 60 cm langen, schmallinealen Blättern, erhebt sich ein stattlicher Blütenstand, der über 1 m hoch werden kann. Es ist meist eine einfache Traube, selten an der Basis noch verzweigt, mit relativ dicht stehenden Blüten. Die Knospen sind zylindrisch und der Achse dicht angedrückt. Zur Blütezeit öffnen sich die Blüten weit und sind dann sternförmig ausgebreitet, die langen Staubblätter stehen pinselförmig im Zentrum. Die Perigonblätter (s. S. 80) sind weiß mit grünlichem

von links nach rechts: Sedum album, Angraecum eburneum und Asphodelus albus

oder bräunlichem Mittelnerv. Noch während sich im oberen Teil des Blütenstandes die Blüten entfalten, reifen an der Basis bereits die Früchte heran. Es handelt sich um lederartige Kapseln, die im reifen Zustand schwarze, scharf dreikantige Samen entlassen.

An fruchtenden Exemplaren des Weißen Affodill kann man manchmal auch eine ungewöhnliche Beobachtung machen. Zahlreiche Wanzen (*Capsodes cingulatus*) haben sich auf den Fruchtständen eingefunden, um Pflanzensaft zu saugen. Erstaunlich ist die gute Tarnung der Insekten, die ebenso wie die abgetrockneten Perigonblätter eine Streifung aufweisen.

Asphodelus albus ist eine südeuropäische Pflanze, die ostwärts bis zur westlichen Balkanhalbinsel vordringt. Wiesen, Weiden und Felsfluren sind die bevorzugten Standorte des Weißen Affodill, wo er meist in größeren Gruppen oder sogar bestandsbildend auftritt.

In Griechenland gilt der Affodill (vor allem auch die Arten *A. aestivus* und *A. ramosus*) als Symbol des Weiterlebens nach dem Tode, denn im Frühjahr, wenn der Boden noch karg und trocken ist, entwickelt sich der Affodill nach dem ersten Frühlingsregen rasch und gelangt zur Blüte. Schon bei Homer war das Totenreich mit Affodillfluren bestanden. Und noch heute wird Affodill im östlichen Europa auf die Gräber gepflanzt, oder die Blütenstände werden als Grabschmuck verwendet.

Das Schneeglöckchen (*Galanthus nivalis*) hat seinen deutschen Namen seiner frühen Blütezeit, wenn oft noch Schnee vorhanden ist, zu verdanken. Auch die lateinische Artbezeichnung spielt auf den Schnee an, vermutlich auf die Farbe der Blüten, die schneeweiß sind. Der Gattungsname ist von den griechischen Wörtern *gála* (= Milch) und *ánthos* (= Blüte) hergeleitet, bedeutet also Milchblüte.

Die nördliche Verbreitungsgrenze des Schneeglöckchens liegt in Süddeutschland, die südliche in Nordspanien; in östlicher Richtung erreicht die Art Griechenland

Galanthus nivalis

und die Ukraine. Doch die ursprünglichen Areale sind nur noch schwer festzustellen, da die Art schon früh in Kultur genommen wurde und von den Gärten und Parks mancherorts verwildert ist.

Die bevorzugten Standorte des Schneeglöckchens sind Schlucht- und Buchenwälder. Als Bestäuber fungieren Honigbienen, die die weißen Blüten auch mit Schnee im Hintergrund erkennen können, da von den Blüten UV-Licht stark reflektiert wird, das von den Bienen, aber nicht vom Menschen, wahrgenommen werden kann. Sind zur Blütezeit wegen ungünstiger Witterung keine Bienen unterwegs, können sich die Blüten auch selbst bestäuben. Eine interessante pflanzlich-tierische Kooperation zeigt uns die Samenausbreitung, die von Ameisen getätigt wird. Schon während der Fruchtreife erschlafft der Stängel, so dass die Fruchtkapsel auf den Boden zu liegen kommt. Wenn die Samen reif sind, sind sie für Ameisen sehr attraktiv, denn sie besitzen ein so genanntes Elaiosom, einen Ölkörper. Dieses protein- und fettreiche Samenanhängsel dient den Ameisen als Nahrung, und durch das Verschleppen der Samen tragen die Ameisen zur Ausbreitung der Pflanze bei.

Weiß in verschiedenen Abstufungen

albescens	weiß werdend
albicans	weißlich
albidus	weißlich
albus	weiß
argenteus	silbern
argyraceus	silberweiß, glänzend
candicans	weißlich
candidus	weiß
dealbatus	geweißt, weiß bestäubt
eburneus	elfenbeinweiß

Weiß in verschiedenen Abstufungen

galactinus   milchweiß

lacteus   milchweiß

leuco-   weiß-

margaritaceus   perlenartig

nivalis   schneeweiß, Schnee-

niveus   schneeweiß

Von Grau bis Schwarz

❁ Graue bis schwarze Farben sind für Blüten nicht gerade attraktiv, obwohl sehr dunkle Blüten aufgrund ihrer Seltenheit wieder begehrt sind. Schwarz als Blütenfarbe kommt kaum vor, es sind meist sehr dunkle rote oder violette Töne.

❁ Vielen Pflanzen, die die Artbezeichnung *niger* tragen, ist erst zur Fruchtzeit anzumerken, warum dieser Name gewählt wurde. *Solanum nigrum*, der Schwarze Nachtschatten, ein Verwandter unserer Kartoffel, besitzt weiße Blüten, die zu schwarzen Beeren heranreifen. Die Gattung *Nigella* enwickelt schwarze Samen, die an Kümmel erinnern (deshalb der deutsche Name Schwarzkümmel), doch sie ist mit diesem keineswegs verwandt.

❁ Auch bei *Helleborus niger*, der strahlend weiß blühenden Christrose, wird sich mancher fragen, wie der Name zustande kam. Bei dieser Pflanze ist es die Wurzel, die schwarz gefärbt ist.

❁ Bei den Korbblütlern (Asteraceae) umgeben Hüllblätter das Blütenkörbchen. Wenn diese Hüllblätter ein schwarzes Anhängsel tragen oder dunkel gesäumt sind, kann das ebenfalls die Ursache für eine entsprechende Benennung sein wie bei *Achillea atrata* (Schwarze Schafgarbe), *Centaurea nigra* (Schwarze Flockenblume) und *C. nigrescens* (Schwärzliche Flockenblume).

Wird eine Pflanzenart aufgrund grauer Farbtöne benannt, so sind es meist die Blätter, die durch einen Haarfilz solche Tönungen erzeugen. *Senecio cineraria* ist durch die silbergrauen Blätter eine beliebte Gartenpflanze. Die Graue Heide (*Erica cinerea*) ist im atlantischen und mediterranen Europa verbreitet. Eine Behaarung auf den Zweigen verleiht ihr das graue Aussehen.

Achillea atrata und Senecio cineraria

Graue Blätter und (fast) schwarze Blüten

Die heute bekannten Levkojen sind das Ergebnis einer langen Züchtungsarbeit, zurückgehend auf *Matthiola incana* (Garten-Levkoje), einer nordmediterran-atlantischen Küstenfelspflanze. Das graue Aussehen, das für den Namen verantwortlich ist, kommt von den Blättern, die mit Haaren und Drüsenhaaren besetzt sind.

Bereits im 16. Jahrhundert war die Levkoje als Zierpflanze bekannt. Es existierten schon gefüllt blühende Rassen. Neben den Blütenfarben, die Blau- und Rottöne sowie Weiß umfassen, galt ein Züchtungsziel auch den behaarten Blättern, die bei den »goldlackblättrigen« Sorten kahl sind.

Die Levkoje ist eine typische Pflanze der Bauerngärten, heute aber leider fast in Vergessenheit geraten. Es gibt buschige Sorten, die für Beetpflanzungen geeignet sind, und unverzweigt wachsende, die gute, süßlich duftende Schnittblumen liefern. Die variable Lebensweise der Art, die ein-, zweijährig oder ausdauernd vorkommt, macht man sich zunutze, um stets blühende Pflanzen zu haben. Die so genannten Sommer-Levkojen sind einjährig, werden im Frühjahr gesät, blühen im Sommer und fruchten im Herbst. Die Herbst-Levkojen blühen bei Märzaussaat im Herbst, bei Sommeraussaat im folgenden Frühjahr. Die staudigen Winter-Levkojen wachsen im ersten Jahr nur vegetativ heran und blühen im zeitigen Frühjahr (sie sind aber nicht winterhart).

Zu den sehr dunkelblütigen Pflanzen gehört eine hübsche kleine Orchidee: *Nigritella nigra* (Schwarzes Kohlröschen). Sie wird meist nur 10 cm hoch. Aus den rosettig gehäuften, grundständigen Blättern erhebt sich ein beblätterter, kantiger Stängel, der den dichten, kegelförmigen bis kugeligen Blütenstand trägt. Die Blüten sind dunkelrot oder dunkelpurpurn, gelegentlich findet man auch hellrote oder gar weiße Exemplare. Eine Besonderheit im Bau der Blüten ist die nach oben ausgerichtete Blütenlippe. Bei den meisten Orchideen-Arten zeigt die Blütenlippe nämlich nach unten. Aber das ist noch nicht

FARBEN

von links nach rechts: Matthiola incana, Nigritella nigra und Aquilegia atrata

alles, was die Pflanze zu bieten hat: Nicht nur die optischen Reize sind sehr ansprechend, auch der Geruchssinn wird angeregt, denn den Blüten entströmt ein herrlicher Duft nach Vanille.

Nigritella nigra ist eine typische Gebirgspflanze, die in Höhenlagen von 800 bis 2800 m vorkommt. Sie wächst bevorzugt auf alpinen Matten, wo sie oft kleine Gruppen bildet. Die Pflanzen reagieren sehr empfindlich auf Konkurrenzdruck durch andere Arten sowie auf Düngung und intensive Beweidung. Ihr Verbreitungsgebiet erstreckt sich von Skandinavien bis zum Balkan. Zur Blütezeit im Juni/Juli locken die Pflanzen durch ihren Duft und den Nektar, der sich im Blütensporn befindet, viele Insekten an. Eine Beobachtung ergab, dass 53 verschiedene Insekten die Blüten besuchten, in der Mehrzahl Schmetterlinge. Nach erfolgter Bestäubung werden Kapselfrüchte gebildet, die im Oktober reif sind und staubfeine Samen ausstreuen.

Im Alpenraum gibt es noch eine andere Pflanzenart mit dunkler Blütenfarbe, die Schwarze Akelei (*Aquilegia atrata*). Ihr Artstatus wird von einigen Systematikern angezweifelt, so dass sie auch manchmal als Unterart zur Gewöhnlichen Akelei gestellt wird (*A. vulgaris* ssp. *atrata*). Wie dem auch sei: Die braunpurpurnen Blüten mit den hakenförmigen, über der Blütenglocke gekrümmten Spornen sind beeindruckend. Ein charakteristisches Merkmal, das die Schwarze Akelei von *A. vulgaris* unterscheidet, sind die deutlich aus der Blüte herausragenden Staubblätter.

Von Grau bis Schwarz

ater	schwarz
caesius	blaugrau
canescens	grau, weißgrau
cinerarius	aschgrau
cinerascens	aschgrau werdend
cinereus	aschgrau
ebeneus	ebenholzschwarz
fuliginosus	rußfarben, berußt
griseus	grau
incanus	fast grau
lividus	blaugrau, bläulich
melano-	schwarz-
murinus	mausgrau

Von Grau bis Schwarz

Nigella	schwärzlich (Schwarzkümmel)
niger	schwarz
nigrescens	schwarz werdend
Nigritella	schwärzlich (Kohlröschen)
plumbeus	bleigrau
pullus	schwarz, dunkel
ravus	graugelb, gelblich

Braun und Grün

❁ Ähnlich wie bei graulaubigen Pflanzen sind es wiederum oft Haare, die eine bräunliche Färbung an Blättern und Sprossen bewirken. Ein bekanntes Beispiel ist die Rostblättrige Alpenrose (*Rhododendron ferrugineum*), deren Blätter oberseits dunkelgrün, unterseits aber rostbraun sind.

❁ Zwei *Trifolium*-(Klee-)Arten besitzen Blüten, die nach dem Abblühen braun werden und dadurch den Blütenköpfchen mit sonst goldgelben Blüten ein unverwechselbares Aussehen verleihen. *Trifolium badium* (Braun-Klee) ist weit verbreitet; der Moor-Klee (*Trifolium spadiceum*) ist seltener.

❁ Tatsächlich dunkle rotbraune Blüten hat *Ceropegia fusca*, ein Schwalbenwurzgewächs, das auf den Kanarischen Inseln beheimatet ist.

❁ Grün ist die Pflanzenfarbe schlechthin. Nur wenige Pflanzen erzeugen keine grünen Blätter (Schmarotzerpflanzen). Und gerade weil dieser Farbton allgegenwärtig ist, gibt es nicht viele Arten, bei denen eine Grünfärbung ein herausstechendes Merkmal abgibt.

❁ *Chlorophytum* (= grüngelbes Gewächs) *comosum* ist eine beliebte Zimmerpflanze, die unter den deutschen Namen Graslilie, Grünlilie und Grüner Heinrich bekannt ist. Die Pflanzen entwickeln grasartige, hellgrüne Blätter und lange gelbe Triebe, an deren Enden sich Jungpflanzen bilden. In Kultur sind Sorten mit panaschierten Blättern: Bei 'Variegata' sind die Blätter weißrandig, bei 'Vittata' ist ein weißlicher Mittelstreifen vorhanden.

✸ Grüne Blüten können unscheinbar sein, wenn sie sich im grünen Laub verlieren, aber auch sehr reizvoll, wie bei *Tillandsia viridiflora*, einem mittelamerikanischen Bromeliengewächs, das seine grünen Blüten an einem schwertförmigen Blütenstand präsentiert.

von links nach rechts: Ceropegia fusca, Chlorophytum comosum und Tillandsia viridiflora

Braune Blätter und grüne Blüten

Die im Folgenden beschriebene Pflanze hat ihre braunen Blätter zu ihrem Schutz entwickelt, als Anpassung an den Boden, auf dem sie wächst.

Lithops olivacea ist ein Mittagsblumengewächs aus Südafrika. Die Pflanzen dieser Gattung (übersetzt: Aussehen eines Steines) werden treffend als »Lebende Steine«

bezeichnet. Es ist ganz erstaunlich, welche Raffinessen die Natur geschaffen hat, um auch ein unwirtliches Fleckchen Erde, wie es die Trockengebiete des südwestlichen und südlichen Afrika darstellen, mit Leben zu erfüllen.

Lithops-Arten bilden in einer Vegetationsperiode nur zwei hochsukkulente Blätter aus, die meist tief im Substrat eingesenkt sind und in Farbe, Form und Struktur ihrer Umgebung gleichen. Solch ein Verhalten nennt man Mimese (s. a. S. 33). *L. olivacea* wächst in eisenhaltigem Boden und die Färbung der Blätter ist entsprechend bräunlich olivgrün bis graugrün. Auch in der Kultur wird diese Färbung beibehalten. Da die einzigen Assimilationsorgane, die beiden Blätter, fast ganz im Boden stecken, ist die Fläche, die Licht aufnehmen kann, sehr klein. Ein ausgeklügelter Blattbau macht diesen Mangel wieder wett, und zwar in Form so genannter Fensterblätter. Der aus der Erde ragende, abgeflachte oder schwach gewölbte Teil der Blätter ist als »Fenster« ausgebildet, das kein Blattgrün enthält und das gesamte einfallende Licht durchlässt. Im Blattinneren trifft das Licht auf ein zentrales Wassergewebe, das als Sammellinse fungiert und die Lichtstrahlen auf das seitliche Blattgewebe lenkt, das Blattgrün enthält und die Photosynthese vollziehen kann. Fensterblätter kommen nicht nur bei *Lithops*, sondern auch in anderen Gattungen der Mittagsblumengewächse vor sowie bei *Haworthia*, einer *Aloë*-Verwandten.

Lithops olivacea hat große, gelbe, strahlenförmige Blüten, die denen der Korbblütler gleichen, aber bei erste-

Lithops olivacea und Cleistocactus smaragdiflorus

ren handelt es sich um Einzelblüten, bei letzteren um einen Blütenstand. Sie reifen zu holzigen Fruchtkapseln heran, die die Samen nur bei Regen oder Feuchtigkeit entlassen, da ein hygroskopisch bedingter Öffnungsmechanismus vorhanden ist.

Unter den Kakteen hat die Gattung *Cleistocactus* gleich zwei grünblütige Arten hervorgebracht. Cleistocacteen sind schlanke, von der Basis her sich verzweigende Säulenkakteen, deren Hauptverbreitungsgebiet in Bolivien, Argentinien, Uruguay und Südperu liegt. Ihre Blüten sind röhrenförmig. Diese Röhre besteht aus Achsengewebe, an deren Ende die kurzen Perigonblätter (keine Differenzierung in Kelch- und Kronblätter vorhanden) ansitzen. Die Perigonblätter entfalten sich kaum, so dass die Blüten mehr oder weniger geschlossen bleiben (daher auch der Gattungsname; griech. *kleistos* = verschlossen). Damit nun eine Fremdbestäubung stattfinden kann, schieben sich zunächst die Staubblätter aus den Blüten heraus. Die Bestäuber, meist Kolibris, werden jetzt mit Pollen beladen. In einer zweiten Phase nimmt der Griffel mit den Narben eine weit herausragende Position ein und die mit Pollen beladenen Kolibris streifen ihre Fracht an den Narben ab, während sie Nektar saugen. Es gibt allerdings einige Arten, bei denen Staubblätter und Griffel eingeschlossen bleiben, so dass nur Selbstbestäubung möglich ist.

Cleistocactus smaragdiflorus hat zwar, wie der Name verspricht, grüne Perigonblätter, doch die Röhre, die den größten Teil der Blüte einnimmt, ist hellrot. Bei *C. viridiflorus* sind Röhre und Perigonblätter einheitlich grün gefärbt.

Braune Farbtöne

badius	kastanienbraun
brunnescens	braun werdend
castaneus	kastanienbraun
cinnamochrous	zimtfarbig
cinnamomeus	zimtbraun
ferrugineus	rostbraun
fusco-	braun-
fuscus	rotbraun
luridus	fahl, schmutzigbraun
olivaceus	olivbraun, -grün
phaeus	bräunlich, rotbraun
rufus	rotbraun
spadiceus	schokoladenbraun
umbrinus	umbrafarben, braun

Grüne Farbtöne

aerugineus	grasgrün
atrovirens	dunkelgrün
chloro-	grüngelb-
Chlorophytum	grüngelbes Gewächs (Grünlilie)
esmeralda	smaragdgrün
euchlorus	schön grünend
flavovirens	fahlgrün, gelbgrün
glaucus	graugrün, blaugrün
herbaceus	grasgrün; krautig
prasinus	lauchgrün
smaragdinus	smaragdgrün
virescens	grünend, grün
viridis	grün

Gelb- und Orangetöne

❀ Gelbe Blüten sind im Pflanzenreich weit verbreitet. Um diese Farbwirkung zu erreichen, stehen den Pflanzen verschiedene Farbstoffe zur Verfügung. Zum einen sind es fettlösliche Farbstoffe, die in besonderen Zellorganellen lokalisiert sind, die Carotinoide, zum anderen sind sie im Zellsaft gelöst wie die Flavone und Betaxanthine.

❀ Die Palette der Gelb- und Orangetöne ist sehr vielfältig. Ein sehr helles Gelb präsentiert *Corydalis ochroleuca*, doch hat die Gattung mit *C. lutea* (Gelber Lerchensporn) auch einen Vertreter mit dunklerer Tönung. Überhaupt ist die Artbezeichnung *luteus* am gebräuchlichsten, um Gelbblütigkeit auszudrücken. Man denke nur an *Gentiana lutea* (Gelber Enzian), *Nuphar lutea* (Gelbe Teichrose) oder *Viola lutea* (Gelbes Stiefmütterchen). Auch der Gelbe Hornmohn (*Glaucium flavum*) zeigt eine mittlere Gelbfärbung.

❀ Ein leuchtendes Gelb, das bis ins Orangefarbene reichen kann, wird als Goldgelb oder Golden beschrieben, wie bei *Ribes aureum* (Gold-Johannisbeere) und *Crepis aurea* (Gold-Pippau).

* Mit der Vorsilbe *chryso-* (Gold-) können bestimmte Pflanzenteile spezifiziert werden. *Chrysolidocarpus* (*karpos* = Frucht) ist eine tropische Palmengattung, bei der die Früchte eine goldene Färbung annehmen. Dies kommt auch in der deutschen Bezeichnung Goldfruchtpalme zum Ausdruck. Bei der Art *C. lutescens* ist die gesamte Pflanze bei genügend Sonneneinstrahlung gelb überlaufen, worauf die Artbezeichnung (gelb werdend) hinweist.

* Orangerote Blütenstände besitzt *Hieracium aurantiacum* (Orangerotes Habichtskraut), eine mitteleuropäische Gebirgspflanze.

Goldene Blumen und gelbblütige Taglilien

Die Gattung *Chrysanthemum*, was wörtlich übersetzt goldene Blume bedeutet, ist in den gemäßigten Zonen auf der Nordhalbkugel und in Südafrika verbreitet. Je nach Auffassung der Botaniker sind Gattungen wie *Leucanthemum* und *Tanacetum* in diesem Gattungskomplex eingeschlossen oder eigenständig.

Von großer gärtnerischer Bedeutung sind die Garten-Chrysanthemen, *Dendrantema*-(*Chrysanthemum*-)Grandiflorum-Hybriden, die wohl auf die Arten *D.* (*C.*)

Nuphar lutea und
Glaucium flavum

indicum und *D. (C.) morifolium* zurückgehen, beide in China und Japan beheimatet. Diese Länder sind auch die Kultur- und Züchtungszentren der Chrysanthemen. Schon 500 v. Chr. ist die Chrysanthemenkultur durch Konfuzius belegt. Nach Japan gelangte die Chrysantheme im 8. Jahrhundert und wurde dort zur Nationalblume. Erst zur Zeit der Französischen Revolution erreichten die Garten-Chrysanthemen Europa, wo seitdem hauptsächlich Frankreich und England die Züchtungsarbeit fortsetzen.

Man unterscheidet zwischen verzweigten Chrysanthemen und so genannten entknospten, bei denen die Seitenknospen entfernt werden, so dass sich nur ein oder wenige Blütenköpfchen entwickeln. Letztere Formen sind lange haltbare Schnittblumen, die heute jedoch aus der Mode gekommen sind.

Die Form des Blütenköpfchens bietet weitere Kriterien zur Einteilung der Kultursorten.

Erwähnt werden sollte auch die Strauch-Margerite (*Argyranthemum frutescens*, Syn. *Chrysanthemum frutescens*), die sich seit Jahren steigender Beliebtheit erfreut, vor allem als Bäumchen gezogen.

Bekannte Arten der heimischen Natur sind z. B. *Chrysanthemum* (*Tanacetum*) *vulgare*, der Rainfarn, der keine Zungenblüten besitzt, und *C. leucanthemum* (= *Leucanthemum vulgare*), die Wiesen-Wucherblume oder Margerite, mit goldgelben Röhren- und weißen Zungenblüten.

Die Gattung *Hemerocallis* (Taglilie), die mit einigen gelbblühenden Arten vorgestellt werden soll, stammt aus China und Japan. Der Name, der frei übersetzt »Schönheit für einen Tag« bedeutet, nimmt darauf Bezug, dass die Blüten in der Regel nur einen Tag lang geöffnet sind.

Hemerocallis aurantiaca (Orangegelbe Taglilie, Sommer-Taglilie) besitzt, wie der Name schon verrät, orangefarbene Blüten, die nach außen hin rötlich überlaufen sind und in der Sonne auffällig glitzern. Die Kelch-

Dendranthema-Grandiflorum-Hybriden und Hemerocallis fulva

und Blütenkronblätter sind nahezu gleich gestaltet, nur dass letztere einen gewellten Rand aufweisen. In Kultur findet man die Art nur selten.

Hemerocallis citrina (Zitronen-Taglilie, Duft-Taglilie) hat nicht nur die Farbe der Zitronen, die Blüten verströmen auch einen zitronenähnlichen Duft. Allerdings ist die Art nachtblütig, das heißt die Blüten öffnen sich am Abend, um sich schon am nächsten Vormittag wieder zu schließen. Die Kelchblätter sind an der Außenseite grünlich und an den Spitzen purpurn und eingebuchtet, auch sind sie schmaler als die Blütenkronblätter, die zudem am Rand gewellt sind.

Hemerocallis fulva (Braune Taglilie) ist die bekannteste Art. Der deutsche wie auch der lateinische Name sind etwas irreführend, denn die Blütenfarbe ist weder braun noch gelbbräunlich, sondern sie reicht von bräunlichem Orange über Rot bis zu Rosa. *H. fulva* hat eine lange Kulturgeschichte. Es existieren nicht nur zahlreiche Auslesesorten, sondern auch einige Varietäten.

Ein bemerkenswerter Nutzen der Taglilien ist weitgehend unbekannt: Die Blütenknospen sind ein gängiger Bestandteil in der chinesischen Küche.

Gelb- und Orangetöne

aurantiacus	orangerot
auratus	Gold-, golden
aureus	goldgelb, golden
calochlorus	gelbgrün
cerinus	wachsgelb
Chrysanthemum	goldene Blume (Margerite)
chryso-	Gold-
citrinus	zitronengelb
croceus	safrangelb
cupreatus	kupferfarbig
flavidus	gelblich
flavus	gelb

Gelb- und Orangetöne

fulvus	gelbbräunlich
galbanus	gelblich
helvolus	orangegelb, honiggelb
icterinus	gelblich
luteus	gelb
ochraceus	ockergelb
ochroleucus	blass gelblich, gelblich weiß
stramineus	strohgelb
sulphureus	schwefelgelb
vitellinus	dottergelb
xantho-	gelb-

Blau, Violett und Purpur

❦ Rein blaue Blüten sind in der Natur selten. Meist ist Rot beigemischt, so dass je nach den Anteilen violette bis purpurne Farbtöne entstehen. Doch scheinen gerade blaue Blüten einen besonderen Reiz auf uns auszuüben, denn viele solcher Pflanzen wurden als Zierpflanzen auserwählt, um uns im Garten zu erfreuen.

❦ Auch in diesem Fall gilt, dass ein Merkmal – hier die Blaublütigkeit – im Namen nur dann seinen Niederschlag findet, wenn es innerhalb der Gattung eine Besonderheit darstellt. Enziane, die für ihre sprichwörtlich blauen Blüten bekannt sind, werden nicht als Blauer Enzian benannt. Hingegen gibt es einen Purpurroten Enzian (*Gentiana purpurea*) und den bereits erwähnten Gelben Enzian (*G. lutea*).

❦ Purpurne Farbtöne sind nicht ausschließlich auf Blüten beschränkt, auch das Laub von Gehölzen kann so gefärbt sein, beispielsweise eine Form des Japanischen Ahorn (*Acer palmatum* f. *atropurpureum*) mit dunkelpurpurnen Blättern.

❦ Die Blaue Rasselblume (*Catananche caerulea*) ist eine mediterrane Pflanze. Von weitem könnte man sie für eine in der Farbe etwas abweichende Wegwarte halten, doch ihre Rassel – pergamentartige Hüllblätter des Blütenköpfchens – ist unverwechselbar. Ähnliches kennen wir auch von den Strohblumen (*Helichrysum*).

❦ *Anchusa azurea*, die Italienische Ochsenzunge, die in Südeuropa und Nordafrika verbreitet ist, besitzt himmelblaue Blüten.

❦ Hinter dem Namen *Brimeura amethystina* verbirgt sich ein zierliches Hyazinthengewächs mit amethystblauen, glockenförmigen Blüten. Die kleinen Zwiebeln werden im Herbst gepflanzt, so dass die Pflanzen im Mai/Juni zur Blüte gelangen.

Catananche caerulea und Brimeura amethystina

❋ Violett erstrahlen die Blüten von *Tulipa violacea*, die in ihrem Zentrum gelb gefärbt sind. Diese Wild-Tulpe wird nur 25 cm hoch und blüht im zeitigen Frühjahr.

Blauroter Steinsame und veilchenblaue Tillandsie

In lichten Laubwäldern, am Rand von Gehölzen, aber auch in Felsheiden findet man den Blauroten Steinsamen (*Lithospermum purpureocaeruleum*), und zwar in Mittel- und Südeuropa bis nach Südwestasien. Die Pflanzen werden bis 50 cm hoch. Triebe und Blätter sind rau behaart, ein Merkmal, das einer ganzen Verwandtschaftsgruppe eigen ist, den Raublattgewächsen (Boraginaceae). Die Blätter sind beidendig zugespitzt und mit deutlichem Mittelnerv versehen. Mit höchstens 2 cm sind die Blüten relativ klein. Sie sind stieltellerförmig, das heißt die fünf flach ausgebreiteten Kronzipfel vereinigen sich zu einer schmalen Röhre. Bei noch genauerer Betrachtung kann man ein weiteres Merkmal erkennen: Im Blütenschlund sind fünf kurz behaarte Leisten ausgebildet. Die Staubblätter und der Griffel sind in der Blütenröhre eingeschlossen, also nicht sichtbar.

Der Blaurote Steinsame war die »Blume des Jahres 2000«. Im deutschen Namen dieser Art sind die Farben umgekehrt genannt. Richtig wäre »Rotblauer Steinsame«. Das hat seinen Grund: Die Blütenfarbe ist nicht etwa eine Mischung aus Rot und Blau, vielmehr wechseln die Blüten die Farbe: Sie erblühen rotviolett und werden dann azurblau. Lange Zeit dachte man, dass diese Farbreaktion darauf beruht, dass die Farbstoffe (Anthocyane) in saurem Medium eine rote und in basischem eine blaue Färbung verursachen. Aber so einfach ist es wohl nicht, denn Messungen ergaben, dass der Zellsaft auch bei den blauen Blüten leicht sauer reagiert. Verantwortlich für einen Farbumschlag können so genannte Copigmente oder auch Metallionen sein, die mit den Anthocyanen einen neuen Farbkomplex bilden. Auch bei einem heimischen Frühjahrsblüher, dem Echten Lungenkraut (*Pulmonaria officinalis*), ist ein solcher Farbwechsel der Blüten von Rot nach Blau zu beobachten.

Tillandsia ionantha, ein Bromeliengewächs (Bromeliaceae) aus Mexiko und Mittelamerika, hat, wie so viele Tropenpflanzen, keinen deutschen Namen. Immerhin können wir aus dem wissenschaftlichen Namen schon ableiten, dass die Blüten veilchenblau sind.

Tillandsien, speziell die so genannten grauen und kleinwüchsigen Arten, kannten bis vor wenigen Jahren nur die Spezialisten. Dann hatten findige Geschäftsleute die Idee, Tillandsien auf Steine zu kleben, eine Kulturmethode, die durchaus praktikabel ist. Überall wurden solche Pflanzen angeboten, die, wenn sie nicht schon beim Kauf tot waren, durch falsche Behandlung schnell zugrunde gingen. Die Folge war, dass man einige Arten als in ihrer Fortexistenz gefährdet einstufen musste, da die

Lithospermum purpureocaeruleum und Tillandsia ionantha

Pflanzen alle der Natur entnommen wurden. Inzwischen gibt es Betriebe, die Tillandsien aus Samen anziehen.

Tillandsia ionantha entwickelt 4 bis 5 cm große, kompakte Blattrosetten, die meist Gruppen bilden. Die Pflanzen wachsen epiphytisch, also vorwiegend auf Ästen und Zweigen von Bäumen. Durch Haftwurzeln befestigen sie sich auf ihrer Unterlage. Auf den winzigen Blättern erkennt man silbrige Schüppchen. Das sind speziell umgestaltete Haare, die der Wasser- und Nährstoffaufnahme dienen und ein typisches Merkmal für die gesamte Familie der Bromelien sind. Obgleich die Pflanze klein ist, kann man schon von weitem erkennen, wenn sie in die Blühphase eintritt, denn dann färben sich die inneren Rosettenblätter leuchtend rot. In den Südstaaten der USA, wo man die Pflanzen im Freien kultivieren kann, hat sie deshalb den Namen »Errötende Braut« erhalten. Die veilchenblauen Blüten erscheinen in der Mitte der Blattrosette. Es sind enge Röhrenblüten, die von den Staubblättern mit den gelben Pollensäcken und dem langen weißen Griffel überragt werden. Von diesen farbenprächtigen Pflanzen gibt es inzwischen auch Ausleseformen.

Blau, Violett und Purpur

amethystinus	amethystblau
atropurpureus	schwarzpurpurn
azureus	himmelblau
caeruleus	blau
caesius	blaugrau, blaugrün
coeruleus	blau
cyaneus	dunkelblau, kornblumenblau
hyacinthinus	violettblau, stahlblau
ianthinus	violett
ionanthus	violett, Viola-
lilacinus	blau, indigo

Blau, Violett und Purpur

lividus   bläulich

phoeniceus   purpurrot

porphyrius   purpur bis violett

puniceus   hochrot, granatrot

purpurascens   purpurrot werdend

purpureo-caeruleus   purpur-blau

purpureus   purpurrot, violett

venetus   bläulich

violaceus   violett, veilchenblau

Rottöne

❊ Der Zweck einer Blüte ist es, mit Farbe und/oder Duft Bestäuber anzulocken, damit Samen produziert werden können, die für die Arterhaltung sorgen. Rote Blüten wirken zwar auf uns Menschen sehr attraktiv und auffällig, doch Insekten können sie nicht wahrnehmen, sie sind rotblind. Das Vogelauge hingegen kann rote Farbtöne sehr gut erkennen. Man kann deshalb davon ausgehen, dass sehr viele rotblütige Pflanzen von Vögeln bestäubt werden. Wie verhält es sich aber bei der heimischen Klatschmohnblüte, die von Insekten besucht wird? In diesem Fall sehen die Insekten nicht die Farbe Rot, sondern Ultraviolett, das wiederum vom menschlichen Auge nicht erkannt werden kann.

❊ In Pflanzennamen vorkommende Rottöne beziehen sich meist auf die Blütenfarbe. Aber es gibt auch andere Möglichkeiten, wie *Cornus sanguinea* (Blutroter Hartriegel) zeigt. Der heimische Strauch hat rötliche Triebe und seine Blätter nehmen im Herbst eine blutrote Farbe an. Auch der Blutrote Storchschnabel (*Geranium sanguineum*) erhielt seinen Namen aufgrund der blutroten Herbstfärbung seines Laubes. Die Blüten sind leuchtend karminrot.

❊ Rosenrote Blüten führten bei der Stockrose zu der Bezeichnung *Alcea rosea*. Heute ist diese alte Gartenpflanze in vielen Farben zu haben.

❊ *Cuphea ignea* schmückt sich mit zahlreichen kleinen, feurig roten Blüten. Sie ist mexikanischer Herkunft und durch die lange währende Blütenpracht eine ideale Beet- und Balkonpflanze. Die röhrenförmigen, flammend roten Blüten sind an den Spitzen schwarz und weiß gesäumt und die Staubblätter ragen etwas heraus, so dass das Vorderende einer brennenden Zigarette ähnelt. Deshalb wird sie auch Zigarettenblümchen genannt.

FARBEN

Alcea rosea und Cuphea ignea

Fleischfarbene, zinnoberrote und scharlachrote Blüten

Die Gattung *Erica* ist nicht etwa nach einer Dame solchen Namens benannt. *Erica* ist die lateinische Bezeichnung für Heidekraut. In *Erica carnea* (Schnee-Heide) finden wir einen Vertreter mit fleischfarbenen Blüten, der in den Alpen heimisch ist. Die Besonderheit dieses Zwergstrauches liegt in seiner Blütezeit, wie der deutsche Name schon verrät. Bereits ab Dezember/Januar können sich die kleinen Blütchen öffnen, unabhängig von der Witterung, da die Blüten schon im Herbst vorgebildet werden.

Für die Gartenkultur spielt die Wildart keine Rolle mehr. Es gibt zahlreiche Sorten, unter denen man je nach

Anspruch wählen kann. Das Farbsortiment der Blüten reicht von Weiß über Rosa, Purpur bis zu Rubinrot. Man hat sogar verschiedene Laubfarben gezüchtet, von Golden bis Tiefgrün.

Die Wuchshöhe der Pflanzen variiert nur gering, doch die Blütezeit lässt sich mit den Sorten so ausdehnen, dass sie von Dezember bis April reicht. Kombiniert mit den Sorten anderer *Erica*-Arten, hat man so das ganze Jahr über blühende Pflanzen.

An dieser Stelle ist zu erwähnen, dass die Heidekrautpflanzen, die in manchen Gebieten Deutschlands (Lüneburger Heide, Schwäbische Alb) dominieren, nicht zur Gattung *Erica* gehören. In diesen Regionen wächst die Besenheide, *Calluna vulgaris*.

Zinnoberrote Blüten besitzt die beliebte Zimmerpflanze *Clivia miniata* (Klivie, Riemenblatt). Die Klivie ist ein Amaryllisgewächs, das seinen Ursprung in Südafrika hat. Die riemenförmigen Blätter sind zweizeilig angeordnet, ihre Basen bilden ein kurzes, dickes Stämmchen. Zwischen den Blättern schiebt sich im Frühjahr ein dicker, hellgrüner Schaft empor, der den Blütenstand trägt. Bis zu 20 trichterförmige, orange- bis zinnoberrote Blüten bilden einen fast kugelförmigen Blütenstand. Einen schönen Akzent bekommen die Blüten durch ihr gelb abgesetztes Zentrum. Die Bestäubung am heimatlichen Standort erfolgt durch Vögel.

Alle Pflanzenteile sind schwach giftig, bei Verzehr kann eine Magenverstimmung auftreten. Der Pflanzensaft kann Hautirritationen hervorrufen.

Der Gattungsname wurde von John Lindley zu Ehren von Lady Clive, Herzogin von Northumberland, vergeben, einer großen Pflanzenliebhaberin. Die Gattung *Erythrina* umfasst über 100 in den Tropen und Subtropen vorkommende Arten, die wegen der scharlachroten Blüten und Samen oft als Korallenbäume oder -sträucher bezeichnet werden.

E. corallodendron wird in Kakaoplantagen als Schattenbaum gepflanzt. Seine roten Samen, die halluzinogene Stoffe enthalten, werden zu Halsketten verarbeitet. Bei *E. indica*, in Indien heimisch, sind die Samen und die Rinde giftig. Diese Pflanzenteile werden zum Fischfang genutzt. Einer der prächtigsten Blütenbäume Afrikas ist *E. livingstonia* mit 20 cm langen, tiefroten Blütenständen. Der bekannteste Vertreter der Gattung ist der in Brasilien heimische Korallenstrauch, *E. crista-galli*, der bereits im Mittelmeerklima als Freilandgehölz, sonst als Kalthauskübelpflanze kultiviert werden kann. Die bestachelten Zweige tragen dunkelgrüne, dreiteilige Blätter, und die bis zu 5 cm langen Einzelblüten sind in langen Trauben vereinigt. Zur Blütezeit, vom Sommer bis zum Herbst, bietet der Strauch einen herrlichen Anblick. Seine Schmetterlingsblüten (die Gattung gehört zur Familie der Schmetterlingsblütler) sind umgestaltet: Die Fahne ist als großes Schauorgan ausgebildet, und die Flügel sind nur ansatzweise vorhanden. In der Heimat erfolgt die Bestäubung durch Kolibris.

von links nach rechts:
Erica carnea, Clivia miniata
und Erythrina crista-galli

Rottöne

cardinalis	kardinalrot
carmineus	karminrot
carneus	fleischfarben
cinnabarinus	zinnoberrot
coccineus	scharlachrot
corallinus	korallenrot
cruentus	blutrot
cupreatus	kupferfarbig
erubescens	errötend
Erythraea	rötlich (Tausendgüldenkraut)
Erythrina	rot (Korallenstrauch)
erythro-	rot-
flammeus	brennend, flammend

Rottöne

igneus	feuerrot
incarnatus	fleischfarben
kermesinus	karmesinrot
miniatus	zinnoberrot
roseus	rosenrot
rubellus	rötlich
rubens/ruber	rot
rubiginosus	rostrot
rufus	rotbraun
rutilans	gelblich rot
rutilus	kupferrot
salmoneus	lachsrot
sanguineus	blutrot
scarlatinus	scharlachrot
vinosus	weinrot

Blütezeit und Lebensdauer

❋ Die Blütezeit kommt in den Pflanzennamen in zwei sehr unterschiedlichen Zeiteinheiten zum Ausdruck. Zum einen ist die Jahreszeit als Blühsaison angegeben, zum anderen die Tages- oder auch Nachtzeit als Blütenöffnungstermin. Eine weitere zeitliche Dimension ist die Lebensdauer von Pflanzen. Sie umfasst die Zeitspanne, in der die Pflanzen keimen, blühen, fruchten und schließlich absterben.

❋ Mit *veris*, *vernalis* und *vernus* sind die Frühjahrsblüher bezeichnet. Solche Arten sind oft die ersten Abgesandten ihrer Gattung, die den jährlichen Blühreigen beginnen. Der Sommer ist nur dann als namengebend sinnvoll, wenn andere Arten der Gattung zu anderen Zeiten blühen. *Helenium autumnale*, eine Sonnenbraut-Art,

Adonis vernalis und Convallaria majalis

blüht noch im September. Im Winter sorgen die Winterlinge (*Eranthis hyemalis*) für leuchtend gelbe Farbkleckse im Garten. Das Adonisröschen (*Adonis*) bietet fast zu jeder Jahreszeit eine blühende Art (*A. vernalis, A. aestivalis, A. autumnalis*).

❀ Einen eher vagen Blühtermin liefern die Bezeichnungen *praecox* (frühblühend) und *serotinus* (verspätet). *Majalis* verspricht die Blüte im Mai, wie bei den uns allen bekannten Maiglöckchen (*Convallaria majalis*).

❀ Dass sich die Blüten erst in den Abendstunden öffnen und duften, scheint widersinnig, doch auch nachts fliegen bestäubende Insekten, die Nachtschmetterlinge. In den Tropen werden viele nachtblütige Arten auch von Fledermäusen bestäubt (s. S. 59). *Silene noctiflora*, die Acker-Lichtnelke, gehört zu diesen nächtlichen Blühern.

❀ Die Lebensdauer der Pflanzen beschreiben die Begriffe einjährig, zweijährig und ausdauernd. Eine einjährige Pflanze beschließt ihren Lebenszyklus innerhalb eines Jahres, eine ausdauernde blüht und fruchtet mehrere bis viele Jahre hintereinander, ehe sie abstirbt.

Herbst-Zeitlose, Nachtviole und Gänseblümchen

Die Herbst-Zeitlose (*Colchicum autumnale*) ist der bekannteste Herbstblüher in unseren Regionen. Auf feuchten Wiesen und Auen, oft auf Kalkverwitterungsböden, bietet sie uns im September mit ihren rosavioletten Blüten einen prächtigen Flor. Allerdings stimmt das Blühereignis etwas wehmütig, denn es entbehrt der frischgrünen Farbe der Laubblätter. Diese erscheinen erst im nächsten Frühjahr. Eine derart ungewöhnliche Konstellation musste sich zwangsläufig auch im Namen niederschlagen.

Colchicum autumnale und Hesperis matronalis

Zeitlose bezeichnet die Pflanze, die ganz und gar aus der Zeit geraten ist, im Frühjahr Blätter treibt und fruchtet und im Herbst blüht. Der wissenschaftliche Gattungsname ist von der antiken Landschaft Kolchis abgeleitet, an der Ostküste des Schwarzen Meeres gelegen.

Der Fruchtknoten der Herbst-Zeitlosen liegt unterhalb der Erdoberfläche, so dass es Monate dauert, bis der Pollenschlauch die Samenanlagen erreicht und eine Befruchtung erfolgen kann. Im Frühjahr, wenn die Blätter erscheinen, verlängert sich der Fruchtstiel und hebt die reifenden Früchte über die Erde, in das Zentrum der Pflanze, so dass sie von den Blättern umgeben werden.

Unangenehm aufgefallen ist die Herbst-Zeitlose durch ihre Giftigkeit. Alle Pflanzenteile enthalten das Alkaloid Colchicin, das tödliche Wirkung haben kann, in kleinen Dosen aber als schmerzlinderndes Mittel eingesetzt wird. Die Samen, die am meisten Colchicin enthalten, zeigen noch eine andere Besonderheit. Sie sind mit Klebwarzen ausgestattet, so dass sie an vorbeistreifenden Tieren haften bleiben und so ausgebreitet werden.

Die Nachtviole oder Matronenblume (*Hesperis matronalis*) war ursprünglich vom östlichen Mitteleuropa über Südosteuropa bis zum Iran verbreitet, ist heute aber in den meisten europäischen Ländern eingebürgert. Sie wächst bevorzugt an feuchten Standorten, vor allem an Flussläufen und in Auwäldern, doch man findet die Pflanzen auch entlang von Bahndämmen und Straßenrändern.

Als Viola oder Veilchen wurden in früheren Zeiten viele duftende Pflanzen bezeichnet. Die Nachtviole öffnet ihre Blüten in den Abendstunden, dann entströmt ihnen ein veilchenähnlicher Duft. Nektar sammelt sich auf zwei Drüsen an der Basis der Staubblätter und die Pollensäcke springen auf, um den Pollen freizugeben. Die Blüte ist bereit zur Bestäubung, die vor allem von Nachtfaltern vollzogen wird.

Bereits im 16. Jahrhundert wurde die Art in Deutschland als Gartenpflanze unter dem Namen *Viola matronalis* erwähnt. Sie gehört zur Familie der Kreuzblütler (Brassicaceae) und besitzt die typischen kreuzweise angeordneten Blütenblätter. Die Blütenfarbe ist meist Violett oder Rosa, aber es gibt auch weißblütige Sippen.

Jeder kennt wohl die weiß-gelben Blütenköpfchen auf dem Rasen, die uns fast das ganze Jahr hindurch begleiten. Die Gänseblümchen (*Bellis perennis*) sind unübertroffen, was das Blühen angeht und auch in ihrer Lebensdauer. Wie die Artbezeichnung *perennis* aussagt, sind es ausdauernde Pflanzen.

Die Blätter stehen in einer grundständigen Rosette beisammen, ein blattloser Stängel trägt das Blütenköpfchen. Letzteres ist aus goldgelben Scheibenblüten und weißen Zungenblüten zusammengesetzt. Nachts oder auch bei ungünstiger Witterung schließen sich die Blütenköpfchen durch Aufrichten und Zusammenlegen der Zungenblüten und Hüllblätter. Die Sonnenliebe des Gänseblümchens äußert sich auch darin, dass die Blütenköpfchen dem Tageslauf der Sonne von Ost nach West folgen.

Blütezeit

aestivalis, aestivus	Sommer-, sommerlich
autumnalis	Herbst-
brumalis	Winter-
hybernus	Winter-, winterlich
hyemalis	Winter-, winterlich
majalis	Mai
praecox	frühzeitig (blühend)
serotinus	verspätet (blühend)
sextilis	August
solstitialis	sommerlich
tardus	langsam, spät
veris	Frühlings-
vernalis, vernus	Frühlings-

Blütezeit und Lebensdauer

diurnus — am Tag blühend

Hesperis — abendlich (Nachtviole)

meridionalis — mittags (oder südlich)

noctiflorus — nachtblütig

pomeridianus — nachmittags

vespertinus — abendlich

annuus — einjährig

biennis — zweijährig

perennis — ausdauernd

Duft und Geschmack

❋ Ein Fest der Sinne: Es sieht schön aus, es duftet und es schmeckt auch noch gut. Das alles können Pflanzen bieten. Aber natürlich sind diese optischen und chemischen Reize nicht für uns Menschen entwickelt worden; es sind Anlockmittel für Bestäuber oder, ins Gegenteil verkehrt, Schutzmaßnahmen vor Fraßfeinden.

❋ Der Duft von Pflanzen kann angenehm oder widerlich sein. Als wohlriechende Beispiele seien *Viola odorata* (März-Veilchen) und *Brugmansia suaveolens*, eine Engelstrompeten-Art aus Brasilien, genannt. Die Gattung *Osmanthus* (Duftblüte) besteht aus ca. 20 Arten immergrüner Sträucher oder kleiner Bäume mit meist weißen, duftenden Blüten. Unangenehm riechende Vertreter sind *Helleborus foetidus* (Stinkende Nieswurz) und *Himantoglossum hircinum* (Bocks-Riemenzunge). Das erste ist ein Hahnenfußgewächs, das seine grünen Blüten bereits im März öffnet; das letztere eine stattliche heimische Orchideenart. Die Duftlose Kamille (*Matricaria perforata*, Syn. *M. inodora*) bildet einen Gegenpol zur duftenden Echten Kamille (*Matricaria recutita*).

❋ Unser bekanntestes sauer schmeckendes Kraut ist der Sauerampfer (Kleiner und Großer S., *Rumex acetosella*, *R. acetosa*), dessen junge Blätter im Frühjahr Salaten und Suppen eine sauer-frische Note verleihen. Der Scharfe Mauerpfeffer (*Sedum acre*) enthält in seinen wasserspeichernden, scharf schmeckenden Blättern ein Alkaloid, das als Blutdruck senkendes Mittel eingesetzt wird. Vorsicht ist beim Scharfen Hahnenfuß (*Ranunculus acris*) geboten, der in frischem Zustand eine Verbindung enthält, die die Haut reizt und der Pflanze einen scharfen Geschmack verleiht.

❋ Bezeichnungen wie süß und aromatisch können den Geschmack und/oder den Geruch betreffen. Aus dem

Viola odorata und Brugmansia suaveolens

Süßholz (*Glycyrrhiza*), genauer gesagt aus Extrakten der Wurzeln dieser subtropisch-tropischen Gattung, wird Lakritze hergestellt.

Gewürzpflanzen

Die Gewürze gelangten einst aus dem fernen Osten auf uralten Karawanenwegen in den Mittelmeerraum und nach Europa. Selbst als Ende des 15. Jahrhunderts der Seeweg nach Ostindien von Vasco da Gama entdeckt wurde, blieb es eine lange und beschwerliche Reise, und die Gewürze waren eine lukrative Handelsware. Ihnen ist letztendlich auch die Entdeckung Amerikas zu verdanken, da Kolumbus eine neue, weniger gefahrvolle Route zu den Gewürzländern zu finden hoffte. Heute sind die einst

kostbaren Aromaträger zur Massenware geworden, die vielen unserer Speisen einen besonderen Geschmack verleihen.

Die Inhaltsstoffe, die für die würzige Note verantwortlich sind, sind sehr unterschiedlicher Natur so wie auch die Pflanzenteile, die diese Stoffe enthalten.

Ein Gewürz, das wir hauptsächlich für Süßspeisen verwenden, ist der Zimt. In der östlichen Küche werden damit auch herzhafte Gerichte zubereitet, und das Ergebnis spricht für sich. An den Zimtstangen ist noch andeutungsweise zu erkennen, was wir da eigentlich nutzen. Es ist die dünn abgeschälte Rinde von Ästen des Zimtbaumes (*Cinnamomum aromaticum*). Die auch als Zimtkassie bezeichnete Art ist in Indien und China beheimatet. Den ebenso bekannten Zeylon-Zimt oder Kaneel liefert eine andere Art, nämlich *C. verum* (Syn. *C. zeylanicum*). Duft- und Aromastoff des Zimtes ist ein ätherisches Öl, das zu 75 % aus Zimtaldehyd und vielen weiteren Komponenten besteht. Das destillierte Zimtöl ist auch in der Parfümindustrie eine begehrte Substanz.

Für die Würzkraft bei *Syzygium aromaticum*, dem Gewürznelkenbaum, sorgt ebenfalls ein ätherisches Öl. Der höchste Gehalt dieses Öles ist in den Blüten lokalisiert, und zwar kurz vor dem Aufblühen. Betrachten wir eine Gewürznelke genauer, so können wir sie als Blütenknospe noch erkennen: Die vier leicht abstehenden kurzen Kelchblätter umgeben die kuppelförmig vereinigten Blütenblätter. Der »Stiel« ist der unterständige Frucht-

Syzygium aromaticum und
Myristica fragrans

knoten, der die Öldrüsen enthält. Dieses Gebilde, das einem kleinen Nagel gleicht, hat zu dem Namen Nägelin = Nelke geführt. Der ursprünglich auf den Molukken (indonesische Inselgruppe, früher als Gewürzinseln bezeichnet) heimische Baum wird heute hauptsächlich in Indonesien, Madagaskar und Brasilien kultiviert. Ein Baum liefert pro Jahr zwei bis vier Kilogramm Gewürznelken. Das Nelkenöl, das vor allem aus jungen Sprossen und Blättern destilliert wird, findet nicht nur in der Parfüm- und Kosmetikindustrie Verwendung, sondern ist als Magenmittel, Antiseptikum und Stimulans eine bewährte Medizin.

Auf den Molukken wächst noch ein anderer Baum, der ein begehrtes Gewürz liefert, der Muskatnussbaum (*Myristica fragrans*). Bei ihm sind die ätherischen Öle im Samen enthalten, der einige Besonderheiten aufweist. Die Frucht des Muskatnussbaumes ist eine fleischige Kapsel, die einen einzigen großen Samen umschließt. Dieser ist von einem roten, zerschlitzten Samenmantel umgeben, der als Anlockmittel für wilde Tauben dient, die durch Verzehr der Früchte für die Ausbreitung der Art sorgen. Die Samen werden getrocknet und von der schwarzen Schale befreit. Früher tauchte man die so gewonnenen Muskatnüsse in Kalkmilch, um sie auf dem langen Transport vor Tierfraß zu schützen. Bis in unsere Tage wurde diese Maßnahme als Gütezeichen beibehalten. Auch der rote Samenmantel ist ein hervorragendes Gewürz, das als Mazis oder Muskatblüte gehandelt wird. Hauptbestandteil des ätherischen Öles ist das Myristicin, das nicht ungefährlich ist. In hohen Dosen erzeugt es Rauschzustände und kann sogar tödlich wirken. Allerdings müsste man dann schon eine ganze Muskatnuss zu sich nehmen.

Duft und Geschmack

acer, acris, acre	scharf
acetosa/acetosella	Sauer-
amarellus/amarus	bitter
anosmus	geruchlos
aromaticus	würzig, aromatisch
citriodorus, citrosmus	nach Zitronen duftend
dulcamara	bittersüß
dulcis	süß
felleus	gallenbitter
foetidus	stinkend
fragrans	duftend
Glyceria	süß (Schwaden, Süßgras)
Glycyrrhiza	Süßwurzel (Süßholz)

Duft und Geschmack

graveolens	übelriechend
hircinus	Stink-, nach Ziegenbock stinkend
inodorus	geruchlos
insipidus	fade, nicht schmackhaft
odoratissimus	äußerst wohlriechend
odoratus	wohlriechend
odorus	riechend
Osmanthus	Duftblüte
picreus	bitter
sapidus	schmackhaft
suaveolens	wohlriechend, süß duftend
suavis	süß

Ähnlichkeiten mit anderen Pflanzen

❀ Wenn wir etwas Unbekanntes sehen, versuchen wir unwillkürlich einen Vergleich zu ziehen mit bereits Vertrautem. So ist es auch bei Pflanzen. Wie schon auf den S. 64 und S. 72 beschrieben, können bestimmte Pflanzenteile wie Blätter und Blüten Ähnlichkeiten mit anderen Gattungen aufweisen. In diesem Kapitel geht es um das Gesamterscheinungsbild, was nicht ausschließt, dass Blätter oder Blüten prägend sind.

❀ Als Vergleichsobjekte dienen meist Gattungen, aber es werden auch Großgruppen herangezogen wie beispielsweise die Gräser (Gramineae). *Ranunculus gramineus* (Grasblättriger Hahnenfuß) besitzt grundständige, gras-

Tillandsia usneoides und Glechoma hederacea

artige Blätter, doch die Blüten lassen schnell die Hahnenfußverwandtschaft erkennen. Seine Heimat ist Südeuropa.

❋ Auch von botanisch weniger Versierten lassen sich die Ähnlichkeiten, die typischen Gattungsmerkmalen zugrunde liegen, leicht nachvollziehen, wenn es etwa um den Pfriemginster (*Spartium junceum*) geht, der mit seinen blattreduzierten Sprossen an die Blätter der Binsen (*Juncus*) erinnert. Bei *Paradisea liliastrum* (Trichterlilie) fallen die großen weißen Blüten ins Auge, die denen der Lilien gleichen. Sogar zwei Merkmale des Efeus (*Hedera*) finden wir bei der Gundelrebe (*Glechoma hederacea*) wieder: efeuartige Blätter und einen kriechenden Wuchs.

❋ Sogar Tropisches wird manchmal mit Heimischem in Verbindung gebracht. Das Spanische Moos ist eine *Tillandsia*-Art (Ananasgewächs), das von den Südstaaten der USA bis Argentinien vorkommt. In langen Bärten hängt es von den Bäumen herab. Linné, der ihr den wissenschaftlichen Namen gab, erinnerte dieses Bild an die heimische Bartflechte *Usnea*, und so erhielt sie die Artbezeichnung *usneoides*.

Aloë-ähnliche Krebsschere und Moos-ähnliche Steinbreche

Stratiotes aloides ist eine Wasserpflanze, die als Wasseraloë bezeichnet wird. Da die zwei Hochblätter, die den Blütenstand umgeben, an die Scheren eines Krebses erinnern, wird sie auch Krebsschere genannt. Ihr Lebensraum sind stehende oder langsam fließende Gewässer, vorzugsweise Altarme von Flüssen, wo sie frei im Wasser schwimmt. Die steifen, gezähnten Blätter sind rosettig angeordnet wie bei einer Aloë und ragen zur Blütezeit aus dem Wasser heraus. Betrachtet man die Blüten etwas genauer, wird

*von links nach rechts:
Stratiotes aloides, Bryum
und Saxifraga bryoides*

man feststellen, dass sie entweder Staubblätter besitzen oder aber Fruchtknoten. Es handelt sich um eine zweihäusige Art, von der es also weibliche und männliche Exemplare gibt.

Die Krebsschere hat eine ausgeprägte vegetative Vermehrung. In den Achseln der Blätter entstehen Brutknospen, die zu langen Ausläufern auswachsen und dann Blattrosetten bilden. Im Spätherbst, wenn die Mutterpflanze zum Überwintern auf den Gewässergrund sinkt, lösen sich die Tochterrosetten ab. Die weitere Ausbreitung, also das Verdriften von Tochterpflanzen, übernimmt auftretendes Hochwasser.

Da der Lebensraum der Krebsschere durch Kulturmaßnahmen ständig zurückgeht und durch die Zweihäusigkeit der Pflanze eine Bestäubung erschwert ist, ist der Bestand der Pflanzenart heute gefährdet. Früher gab es Massenbestände, die abgemäht wurden. So erhielt man Gründünger oder Schweinefutter. Die »Stiftung gefährdeter Pflanzen« kürte die Krebsschere zur »Blume des Jahres 1998«, um auf die Problematik dieser interessanten Wasserpflanze aufmerksam zu machen.

Wie eng die Existenz der Organismen miteinander verknüpft ist, wird deutlich, wenn wir den Lebensraum der Krebsschere näher betrachten. Hier gibt es eine Libellenart, die Grüne Mosaikjungfer (*Aeshna viridis*), die ihre Eier nur an den Blättern der Kresschere ablegt. Stirbt die Pflanzenart aus, gibt es auch die Libellenart nicht mehr.

Es gibt gleich drei Steinbrech-(*Saxifraga-*)Arten, die durch ihren moosartigen Wuchs ihren Beschreiber dazu

angeregt haben, dieses Merkmal als Artbezeichnung zu verwenden. Der Moos-Steinbrech (*Saxifraga muscoides*) ist eine seltene, alpine Art. Er bevorzugt saure Gesteine und kann sowohl in Feinschutt als auch in Felsspalten wachsen. Die Blattrosetten sind zu dichten, flachen Polstern vereinigt. Die einzelnen Blättchen sind schmal-oval, fast lineal, drüsig behaart und ganzrandig mit breit abgerundeter Spitze.

Saxifraga bryoides (Birnmoos-, Moos-Steinbrech) ist nach der Moos-Gattung *Bryum* benannt. Auch er kommt nur in größeren Höhen (1800 bis 4000 m) vor und besiedelt Gletschermoränen und Felsblöcke aus kalkfreien Gesteinen. Im Gegensatz zu voriger Art ist *S. bryoides* aber weiter verbreitet und häufiger. Die Polster sind aus kleinen Rosetten zusammengesetzt, deren einzelne Blättchen kaum 5 mm lang und 1 mm breit sind. Ihr Rand ist gewimpert und die Spitze fein ausgezogen. Unverwechselbar sind die Blüten mit den orangegelben Punkten an ihrer Basis.

Ein seltener Vertreter ist *Saxifraga hypnoides* (Moos-Steinbrech), eine nordwesteuropäische Pflanze, die kontinental nur in den Vogesen eingebürgert ist und nur in montanen Lagen vorkommt. Die Pflanze bildet lockere Polster oder Rasen. Die Blätter der blühenden Triebe sind in drei bis sieben bandförmige Abschnitte geteilt, die alle mit einer grannenförmigen Spitze auslaufen. Nicht blühende Triebe besitzen ungeteilte, sehr schmal-lanzettliche Blätter.

Ähnlichkeiten mit anderen Pflanzen

aloides	*Aloë*-(Aloë-)ähnlich
androsacea	*Androsace*-(Mannsschild-)ähnlich
Arundinaria	*Arundo*-(Schilf-)ähnlich (Bambus-Art)
asclepiadeus	*Asclepias*-(Seidenpflanze-)ähnlich
bryoides	*Bryum*-(Moos-)ähnlich
cactaceus, cactiformis	Kaktus-ähnlich/-förmig
ericoides	*Erica*-(Heide-)ähnlich
fraxineus	*Fraxinus*-(Eschen-)ähnlich
geranioides	*Geranium*-(Storchschnabel-)ähnlich
gramineus	Gras-ähnlich
hederaceus	*Hedera*-(Efeu-)ähnlich
hypnoides	*Hypnum*-(Astmoos-)ähnlich
jasminoides	*Jasminum*-(Jasmin-)ähnlich

Ähnlichkeiten mit anderen Pflanzen

junceus — Juncus-(Binsen-)ähnlich

liliaceus, liliastrum — Lilium-(Lilien-)ähnlich

muscoides — Moos-ähnlich

plantagineus — Plantago-(Wegerich-)ähnlich

primulinus, primuloides — Primula-(Primel-)ähnlich

ranunculoides — Ranunculus-(Hahnenfuß-)ähnlich

rusciformis — Ruscus-(Mäusedorn-)förmig

saponarioides — Saponaria-(Seifenkraut-)ähnlich

saxifragioides — Saxifraga-(Steinbrech-)ähnlich

sedoides — Sedum-(Fetthennen-)ähnlich

solanaceus — Solanum-(Nachtschatten-)ähnlich

tillandsioides — Tillandsia-ähnlich

usneoides — Usnea-(Bartflechten-)ähnlich

Ähnlichkeiten mit Tieren

❋ Mehr Pflanzennamen als man erwartet beziehen sich auf die Ähnlichkeiten mit Tieren. Genauer gesagt sind es meist bestimmte Pflanzenteile, die den unterschiedlichsten Körperteilen von Tieren gleichen. Bei den Wirbeltieren werden die Füße, Ohren, Schwänze und Zähne gerne als Vergleichsobjekte herangezogen. Bei der Gattung *Chenopodium* (Gänsefuß) ist es die Blattform mancher Arten, die an einen Gänsefuß erinnert. Der Elefantenfuß (*Dioscorea elephantipes*) ist eine südafrikanische kletternde Staude mit einer bis zu 90 cm großen, grauen Knolle, die gefurchte, kantige Höcker trägt und so an den Fuß eines Dickhäuters denken lässt. Wörtlich übersetzt bedeutet *Leontopodium* Löwenfüßchen, doch ist uns diese Gattung als Edelweiß geläufiger. Bei dieser Pflanze sind die wollig behaarten Blütenköpfchen die Assoziation für Löwentatzen. Mit dem Ohr eines Löwen wird die obere, behaarte Kronlippe bei *Leonotis* verglichen, deren Art *Leonotis leonurus* durch die quirlständige Anordnung der Blüten auch noch die Quaste eines Löwenschweifes verbildlicht. Die Form der Blätter hat bei unserem Vergissmeinnicht (*Myosotis*) dafür gesorgt, dass es als Mausohr bezeichnet wurde. Wirklich einem Mausschwanz ähnlich sind die sich zur Fruchtreife stark verlängernden Blütenachsen von *Myosurus minimus*, dem Mäuseschwänzchen. Der Hundszahn (*Erythronium*) verdankt seinen Namen der Gestalt seiner Wurzel, der Löwenzahn (*Leontodon*) seiner spitzzähnigen Blätter.

❋ Gleich eine ganze Pflanzenfamilie heißt aufgrund ihrer Blütenform Schmetterlingsblütler (Papilionaceae, heute Fabaceae genannt). Beim Läusekraut (*Pedicularis*) war die Form der Samen und die runzligen Blätter, die wie mit Läusen bedeckt aussahen, ausschlaggebend für eine solche Bezeichnung.

ÄHNLICHKEITEN MIT TIEREN

Dioscorea elephantipes und Leontopodium alpinum

Insekten imitierende Ragwurz-Arten

Die Gattung *Ophrys* (Ragwurz) gehört zur großen Familie der Orchideen. Sie besteht aus ca. 30 Arten, die in Europa, Nordafrika und Westasien verbreitet sind. Ihr Zentrum liegt im östlichen Mittelmeergebiet. Jede Art besitzt, wenn auch kleine, so doch sehr auffällige, charakteristische Blüten, die, ohne dass man etwas über sie weiß, bestaunenswert sind. Betrachtet man die Blütenbiologie der *Ophrys*-Arten, so erlebt man eine der spannendsten Beziehungen zwischen Pflanze und Insekt, die nur für einen Partner zum Happy End führt. Doch diese Tatsachen waren den Namensgebern der einzelnen Arten

Ophrys sphegodes und Ophrys apifera

noch unbekannt. Sie sahen in den Blüten nur die Ähnlichkeiten zu Insekten oder Spinnen und beschrieben die Pflanzen deshalb z. B. als *Ophrys apifera* (Bienen-Ragwurz), *O. insectifera* (Fliegen-Ragwurz) und *O. sphegodes* (Spinnen-Ragwurz).

Die Blüten der Ragwurz sind aus drei Kelch- und drei Blütenblättern zusammengesetzt. Ein Blütenblatt ist, wie fast für alle Orchideen typisch, zur so genannten Lippe umgestaltet. Das ist der insektenähnliche Teil der Blüte bei *Ophrys*. Die beiden anderen Blütenblätter, die rechts und links oberhalb der Lippe angeordnet sind, sind meist kleiner als die drei auf Lücke stehenden Kelchblätter. Oberhalb der Lippe, zwischen den Blütenblättern, erhebt sich ein säulenförmiges Gebilde, ein Verwachsungsprodukt aus Staubblatt und Griffel. Die Pollen des Staubblattes sind zusammengeballt und mit einer Klebscheibe versehen.

Die Bestäubung einer *Ophrys*-Blüte erfolgt in drei Abschnitten. Zunächst wird ein Duft erzeugt, der für Menschen zwar kaum wahrnehmbar ist, Insekten aber über große Entfernungen anzulocken vermag. Nähert sich ein Insekt, sorgt die Blüte durch Form und Farbe dafür, dass es aufmerksam wird und sich auf ihr niederlässt. Dann reizt die Behaarung der Lippe den Tastsinn des Insektes und das Tier kommt schließlich mit den Pollenpaketen in Berührung, die mit der Klebscheibe auf ihm haften bleiben und zur nächsten Blüte getragen werden. So weit die reine Beobachtung. Doch analysiert man die einzelnen Phasen, kommt man hinter das Geheimnis der Attraktivität der Blüten. Auffällig war zunächst, dass nur Insekten-Männchen die Blüten besuchten. Und tatsächlich stellte sich heraus, dass der Duftstoff, den die *Ophrys*-Blüten produzieren, dem Sexuallockstoff von Insekten-Weibchen entspricht. Auch die Form und Färbung der Blüten täuschen eine vermeintliche Partnerin vor. Schließlich wird durch die Behaarung der Blüten die Weibchenattrappe vollkommen und die Männchen meinen, eine Partnerin gefunden zu haben, denn sie versuchen, mit der Blüte zu kopulieren. Ihr Irrtum wird ihnen erst klar, wenn das »Weibchen« nicht artgemäß auf den Kopulationsversuch reagiert. Aber dann haben die Männchen bereits ihren Dienst an der Pflanze erfüllt. Die Bestäubung ist vollzogen.

Bei der Fliegen-Ragwurz (*Ophrys insectifera*) sind verschiedene Hautflügler-Arten aus den Gattungen *Andrena* (Sandbiene), *Eucera* (Langhornbiene) und *Gorytes* (zu den Grabwespen gehörend) die Bestäuber. Der metallisch glänzende Fleck auf der Lippenmitte entspricht dabei der Wirkung, die die gefalteten Flügel der Weibchen hervorrufen.

Ophrys sphegodes, die Spinnen-Ragwurz (obwohl sie eigentlich Wespen-Ragwurz heißen müsste), wird ebenfalls oft durch Männchen der Gattung *Andrena* bestäubt.

Die Bienen-Ragwurz (*Ophrys apifera*), mit bis zu 60 cm Höhe eine der stattlichsten *Ophrys*-Arten, wird nur gelegentlich von Hornbienen bestäubt. Sie hat sich bis in nördliche Regionen ausgebreitet, in der ihre Bestäuber oft fehlen. Daher ist bei ihr Selbstbestäubung die Regel. Durch diese Maßnahme wird die Samenproduktion sichergestellt.

Ähnlichkeiten mit Tieren

Aegopodium	Geißfuß (Giersch)
apifer	Bienen tragend
arachnoides	spinnenartig
arcturus	bärenschwänzig
Buphthalmum	Ochsenauge
caninus	Hunds-
capreus, caprinus	Ziegen-
Chenopodium	Gansfüßchen (Gänsefuß)
columbaria	Tauben-
Coreopsis	Aussehen einer Wanze (Mädchenauge)
crista-galli	Hahnenkamm
dens-canis	Hundszahn
elephantipes	Elefantenfuß
formicarium	Ameise-
hystrix	Stachelschwein
insectifera	Insekten tragend
Leonotis	Löwenohr
Leontodon	Löwenzahn

Ähnlichkeiten mit Tieren

Leontopodium	Löwenfüßchen (Edelweiß)
leonurus	Löwenschwanz
leopardinus	Leoparden-
locusta	Heuschrecke
murinus	Mäuse-
Myosotis	Mausohr (Vergissmeinnicht)
Myosurus	Mäuseschwänzchen
papilio	Schmetterling
Pedicularis	Laus (Läusekraut)
pes-caprae	Ziegenfuß
porcinus	Schweine-
saururus	Molchschwanz, Eidechsenschwanz
scorpioides	Skorpion-ähnlich
simia	Affe
sphegodes	Wespen-ähnlich
Tigridia	Tiger- (Tigerblume)
vaccinus	Kuh-
vermicularis	wurmförmig

Lebensräume
Wälder und Gebüsche

✺ Bäume und Sträucher formieren sich zu Wäldern und Hainen, Sträucher bilden Gebüsche und Hecken. Die krautigen Begleitpflanzen haben in solchen Lebensräumen ungünstige Bedingungen, da sie stark beschattet werden. Im dichten Nadelwald gibt es so gut wie keinen Unterwuchs. In laubabwerfenden Wäldern fällt im Frühjahr genügend Licht auf die Bodenschicht, das zahlreiche Arten nutzen, um in dieser Jahreszeit den Wald mit einem bunten Blütenteppich zu überziehen. Es handelt sich meist um ausgesprochene Schattenpflanzen, die mit wenig Licht auskommen können, an Standorten mit

Myosotis sylvatica und Geranium sylvaticum

hoher Sonneneinstrahlung aber nicht überleben würden.

✤ Die Bezeichnungen *sylvaticus* und *sylvestris* sind für waldbewohnende Pflanzen die gebräuchlichsten. *Myosotis sylvatica*, das Wald-Vergissmeinnicht, ist in ganz Europa verbreitet. Es wächst meist in größeren Beständen. Der Wald-Storchschnabel (*Geranium sylvaticum*) ist vor allem in Saumgesellschaften zu finden. Er bevorzugt höhere Lagen. Auch das Wald-Windröschen (*Anemone sylvestris*) liebt die mehr sonnigen Waldränder und Böschungen.

✤ Der Name *Nemophila* (Hainblume) ist wohl etwas voreilig gegeben worden, denn die elf Arten dieser nordamerikanischen Gattung besiedeln die unterschiedlichsten Lebensräume: offene Sandflächen, Trockenbuschformationen, aber auch Wälder.

✤ *Vicia dumetorum*, die Hain-Wicke, findet man wie ihre Schwester, die Wald-Wicke (*Vicia sylvatica*) an Waldsäumen und -lichtungen. Zu unterscheiden sind beide Arten unter anderem durch ihre Blätter: *V. dumetorum* besitzt Blätter mit drei bis fünf, *V. sylvatica* mit sechs bis acht Fiederblattpaaren.

Busch-Windröschen und Hain-Sommerwurz

Meist schon im März verwandelt sich der winterkahle, von trockenem Laub bedeckte Waldboden in ein weißes Blütenmeer. Das Busch-Windröschen (*Anemone nemorosa*) bringt den ersten üppigen Flor des Jahres. Es wächst in Laubwäldern, Gebüschen und Hecken und wagt sich sogar auf Bergwiesen. Eine Schattenpflanze kann auf letzterem Standort nur deshalb überleben, weil eine höhere Feuchtigkeit herrscht und so die fehlende Beschattung ausgeglichen wird.

Die Pflanze tritt gesellig auf. Dafür ist ein horizontal kriechender Wurzelstock verantwortlich, der sich nach der Blüte verzweigt. Von hinten her stirbt der Wurzelstock allmählich ab und seine einzelnen Äste werden zu selbstständigen Pflanzen.

Ähnlich wie bei vielen einkeimblättrigen Pflanzen sind auch bei der Gattung *Anemone* die Kelch- und Blütenkronblätter nicht zu unterscheiden, so dass man von Perigonblättern spricht. Jeder Trieb bildet normalerweise nur eine Blüte mit sechs bis acht Perigonblättern aus. Diese sind weiß, manchmal auch rosa überlaufen und kahl. Das ist ein wesentlicher Unterschied zum Wald-Windröschen (*Anemone sylvestris*), dessen Perigonblätter außen behaart sind. Die Blüten produzieren keinen Nektar. Die Busch-Windröschen sind Pollenblumen, die von Käfern, Fliegen und Bienen bestäubt werden. Nachts und bei Regenwetter bleiben die Blüten geschlossen und nehmen zudem eine hängende Position ein; am Tage bei gutem Wetter richten sich die Blüten auf und öffnen sich sternförmig.

Alle einheimischen Arten der Gattung sind mehr oder weniger giftig. Das Busch-Windröschen enthält Anemonin und Protoanemonin. Der Genuss von zehn bis zwanzig frischen Pflanzen soll für den Menschen tödlich sein.

Alle Sommerwurz-(*Orobanche*-)Arten haben dieselbe Lebensweise: Es sind Schmarotzer, die selbst kein Blattgrün besitzen und von den Nährstoffen anderer Pflanzen leben. Regionale Namen wie Kleewürger und Hanftod bezeichnen diesen Parasitismus. Die staubfeinen *Orobanche*-Samen werden durch Sickerwasser in den Boden geschwemmt, wo sie im Idealfall mit der Wurzel einer geeigneten Wirtspflanze in Berührung kommen und dann keimen. Kommt kein Kontakt mit einer Wirtswurzel zustande, unterbleibt die Keimung. Ein Teil des Keimlings dringt in die Wirtspflanze ein, bis eine Verbindung zu den Versorgungsleitungsbahnen hergestellt ist. Dann sind die

Anemone nemorosa

Sommerwurze durch das Abzapfen der Nährstoffe von ihrem Wirt bestens versorgt. Wenn der Wirt zugrunde geht, ist das auch das Todesurteil für den Parasiten.

Jede *Orobanche*-Art hat einen speziellen oder auch mehrere unspezifische Wirte. *Orobanche lucorum*, die Hain-Sommerwurz, wächst vor allem auf *Berberis vulgaris* (Gewöhnlicher Sauerdorn), aber auch *Rubus*-(Himbeere, Brombeere) und *Crataegus*-(Weißdorn-)Arten dienen als Wirte. Die Pflanzen werden bis zu 50 cm hoch. Die mit kleinen Schuppenblättern besetzte Sprossachse endet in einem einfachen Blütenstand. Daran sitzen die röhrig-glockigen Blüten, die von einem zweiteiligen Kelch umgeben sind. Die Oberlippe der Blüten ist meist zweilappig, die Unterlippe dreilappig ausgebildet. In den

Orobanche lucorum

Blüten wird Honig erzeugt, um Bienen als bestäubende Insekten anzulocken. Die ganze Pflanze ist gelblich braun gefärbt und verrät dadurch ihre parasitische Lebensweise.

Blühend findet man die Hain-Sommerwurz im Juli und August, und zwar in den Alpen und im Alpenvorland. Gemäß ihrer Artbezeichnung wächst sie in Gebüschen und lichten Wäldern.

Wälder und Gebüsche

dumetorum	Hecken-
dumicola	im Gebüsch wohnend
hylaeus	waldbewohnend
hylophilus	waldliebend
lucorum	Hain-
Nemophila	hainliebend (Hainblume)
nemoralis	Hain-, Wald-
nemorosus	Busch-, Hain-
silvaticus, sylvaticus, sylvestris	Wald-
silvicola	waldbewohnend

Grasformationen und Felder

❦

❋ Ob Steppe, Wiese oder Feldrain: Alle diese Lebensräume sind offene Formationen, die nicht beschattet werden. Für die meisten in unserer Aufzählung vorkommenden Systeme gilt, dass sie erst durch den Menschen entstanden sind. Lediglich Wüsten und Steppen sind vom Menschen weitgehend unbeeinflusste Lebensräume.

❋ Der Feld-Mannstreu (*Eryngium campestre*) ist eine Pflanze von distelähnlichem Aussehen, gehört aber zur Familie der Doldenblütler (Apiaceae, früher Umbelliferae genannt). Er braucht kalk- und humushaltigen Lehm- oder Lössboden in warmen Lagen.

❋ Auf Schuttplätzen und in Hackfruchtäckern findet man die Saat-Wucherblume (*Chrysanthemum segetum*), die ursprünglich aus dem östlichen Mittelmeergebiet

Calystegia sepium und Primula vialii

stammt, aber inzwischen in West- und Nordeuropa eingebürgert ist.

✺ Die Einzäunung eines Feldes oder Gartens kann von Pflanzen genutzt werden, wenn es sich um kletternde oder windende Arten handelt. *Calystegia sepium*, die Gemeine Zaunwinde, wird bis zu 3 m hoch und windet sich an Zäunen oder Gebüschen empor. Von Juni bis September erscheinen die großen, weißen, trichterförmigen Blüten, deren Kelch von zwei großen Vorblättern überdeckt wird, deshalb der Gattungsname *Calystegia* (*kalyx* = Kelch, *stege* = Bedeckung).

✺ Sehr attraktiv wirkt die Orchideen-Primel (*Primula vialii*), ein Gast aus Südwestchina. Die Blüten sind zwar klein, stehen aber zahlreich in einer dichten Ähre beisammen. Ihre auffällige Farbwirkung verdankt sie den Blüten, die geöffnet hellviolett und im Knospenzustand karminrot sind. Sie gedeihen am besten in feucht-humosem und kalkarmem Boden.

Acker-Unkräuter und Wiesen-Schaumkraut

Seit der Mensch begonnen hat, Feldfrüchte anzubauen, waren auch stets jene Pflanzen gegenwärtig, die mit den Kulturpflanzen eine natürliche Gesellschaft bilden, aber von den Menschen auf den Feldern unerwünscht sind – die Unkräuter. Baut man Nutzpflanzen an, so will man ausschließlich diese ernten und alle anderen Arten sind lästig und schmälern den Wert der Kultur. In eine andere Pflanzengesellschaft gestellt oder in geringeren Beständen können diese »Unkräuter« auch nützliche und wichtige Pflanzen sein. Etliche Arten sind auf einer Mähwiese oder Weide durchaus erwünscht, doch wenn sie in Massen auf-

Sinapis arvensis und Cardamine pratensis

treten und den Graswuchs unterdrücken oder vom Vieh nicht gefressen werden, werden sie zum lästigen Unkraut, das bekämpft werden muss. Im heutigen Sprachgebrauch wird das Wort »Unkraut« gerne vermieden und stattdessen verwendet man den Begriff »Wildkraut«. Damit soll unterstrichen werden, dass diese Pflanzenarten natürliche Bestandteile der Vegetation sind.

Einige der Wildkräuter tragen die Bezeichnung *arvensis*, das heißt, diese Pflanzen wachsen auf Äckern und ähnlichen Standorten.

Der Acker-Senf (*Sinapis arvensis*) ist schon seit langer Zeit in weiten Teilen Europas eingebürgert und stammt ursprünglich wohl aus dem Mittelmeergebiet. Typischerweise wächst er auf lehmigen Ackerböden als Wildkraut, aber er kann auch kurzzeitig brachliegende Stellen wie Straßenböschungen besiedeln. Seine Samen sind schwarzbraun, wodurch er sich vom kultivierten Weißen Senf (*Sinapis alba*) unterscheidet, dessen Samen, die Senfkörner, hell sind.

Vorwiegend in Hackunkrautgesellschaften findet man den Acker-Gauchheil (*Anagallis arvensis*). Es ist eine einjährige, niederliegende bis aufsteigende Pflanze, die bis zu

40 cm tief wurzeln kann. Sie besitzt hübsche kleine Blüten mit radförmig ausgebreiteter, roter Krone. Die var. *azurea* hat blaue Blüten und wächst an etwas ärmeren Standorten.

Der Acker-Hahnenfuß (*Ranunculus arvensis*) kommt vor allem auf Getreideäckern und Schuttplätzen vor und gilt als Lehmanzeiger. Das auffälligste Merkmal der Art sind die Früchte, von denen je Blüte vier bis acht ausgebildet werden. Ihre Oberfläche ist körnig-stachelig mit meist langen Stacheln an Rücken und Spitze. Es sind typische Klettfrüchte, die von vorbeistreifenden Tieren verschleppt und so ausgebreitet werden.

Einen ersten üppigen Blütenflor zaubert des Wiesen-Schaumkraut (*Cardamine pratensis*) im Frühling auf unsere Wiesen. Die zarten lilafarbenen Blüten, die von blaugrün bereiften Stängeln emporgehoben werden, könnten von weitem fast den Eindruck erwecken, die Wiese wäre mit Schaum bedeckt. Darauf beruht die deutsche Bezeichnung Schaumkraut. Eine andere Erklärung des Namens rührt daher, dass die Larven der Schaumzikade, die an den Stängeln saugen, einen Schaum zu ihrem Schutz erzeugen, der im Volksmund auch Kuckucksspeichel heißt.

Das Wiesen-Schaumkraut, das eine zirkumpolare Verbreitung hat und in fast ganz Europa vorkommt, variiert, so dass einige Unterarten beschrieben wurden.

Wenn man eine Pflanze von *Cardamine pratensis* betrachtet, fallen vor allem die unterschiedlichen Blätter auf. Die grundständigen Blätter sind rosettenförmig angeordnet, ihre Fiedern sind oval bis rundlich. Die Stängelblätter sind fiederschnittig mit linealen Abschnitten, wobei der Endabschnitt größer und breiter ist und meist drei Zähne aufweist.

Wie viele Kreuzblütler (Brassicaceae) enthält auch das Wiesen-Schaumkraut ein scharfes ätherisches Öl. Die jungen Blätter sind eine schmackhafte Salatbeigabe.

Grasformationen und Felder

agrestis	Acker-
arvensis	Acker-
campester, campestris	Feld-
deserticolus	Steppen-, Wüstenbewohner
desertorum	Steppen-
epigeios	Land-
muralis	Mauer-
paediophilus	Ebenen liebend
pratensis	Wiesen-
ruderalis	auf Schutt wachsend

Grasformationen und Felder

ruralis auf Feldern wachsend

segetalis, segetum auf Saatfeldern wachsend

sepincola Zaun-bewohnend

sepium Zaun-

vialis an Wegen wachsend

vinealis Weinbergs-

Felsen, Hügel und Berge

❊ Hügel, vor allem aber Berge, sind Lebensräume, die den Pflanzen eine große Anpassungsfähigkeit abverlangen. Die Licht- und Temperaturverhältnisse erreichen oft extreme Werte. Mit zunehmender Höhenstufe wird die Vegetationsdecke karger, bis schließlich nur noch Geröll und Felsen als Standorte übrigbleiben. Felsen sind aber nicht nur auf die hohen Gebirgsregionen beschränkt, auch in tieferen Lagen treten sie hervor und können von Spezialisten unter den Pflanzen besiedelt werden.

❊ Das Felsen-Steinkraut (*Alyssum saxatile*) ist eine beliebte Zierpflanze. In Trockenmauern oder Steingärten schmückt es sich im Frühling mit einer Fülle gelber Blüten. In Zentral- und vor allem Südosteuropa kommt

Alyssum montanum und Allium oreophilum

die Art in Felsfluren vor. Das Berg-Steinkraut (*Alyssum montanum*) besiedelt Felsspalten und Geröllhalden im südlichen Europa. Seine Wurzeln werden bis 90 cm lang und sorgen so für eine gute Verankerung in Fels oder Schutt. Im Mai öffnen sich die gelben Blüten, die nach Honig duften.

❋ Die Gattung *Sedum* (Fetthenne) bietet mit *Sedum cauticola* eine besondere Steingartenpflanze, die aus Japan stammt. Die Blätter sind blaugrün bereift und die zahlreich erscheinenden Blüten leuchten karminrot. Doch nicht nur die Farbkombination macht die Art so begehrenswert, sondern auch die Blütezeit im August/September, denn die meisten Steingartenpflanzen sind dann schon verblüht.

❋ Eine aparte Zierpflanze für sonnige Stellen im Steingarten ist *Allium oreophilum*. Ihre Heimat ist die Osttürkei und der Kaukasus. Die kräftig rosaroten Blüten sind zu einem halbkugeligen Köpfchen vereinigt.

Berg-Wohlverleih und Gletscher-Hahnenfuß

Der deutsche Name Berg-Wohlverleih betont zum einen den Standort der Pflanze und zum anderen ihre wohltuende Wirkung. Besser bekannt ist die Art allerdings als Arnika (*Arnica montana*). Schon lange dient sie als Heilmittel. Arnika enthält ätherische Öle, Inulin, Bitter- und Gerbstoffe. Als verdünnte Tinktur äußerlich angewandt, wirkt sie entzündungshemmend und wundheilend. Bei höheren Konzentrationen von Arnikatinktur kommt es aber zu Reizungen und Schädigungen der Haut, eine Einnahme kann sogar zu Atemlähmung und Herzstillstand führen.

Arnica montana

Die Gattung, die aus 30 Arten besteht, ist nur mit zwei Arten in Europa vertreten. Ihr Hauptverbreitungsgebiet ist Nordamerika. Ein charakteristisches Merkmal sind die gegenständig angeordneten Stängelblätter, denn die meisten Korbblütler besitzen wechselständige Blätter. Der Gattungsname ist eine volkstümliche Entstellung des griechischen Wortes *ptarmike* = Nieskraut. Zerreibt man Arnikablätter und riecht daran, wird ein starker Niesreiz hervorgerufen. In der Eifel und in Dänemark ist deshalb auch der Volksname Schnupftabakskraut gebräuchlich.

Arnica montana fällt weiterhin auf durch die elliptischen Grundblätter, die in einer Rosette dem Boden aufliegen, und die bis zu 8 cm großen, orangegelben Blütenköpfchen. Sie wächst gesellig auf Magerwiesen und -wei-

Ranunculus glacialis

den, auch in lichten Wäldern. Am häufigsten findet man Arnika in einer Höhenstufe um die 2000 m, sie kann aber auch in tiefen Lagen (bis 300 m) vorkommen und sogar bis über 2500 m emporsteigen.

Arnika zählt inzwischen zu den gefährdeten Pflanzen und ist geschützt, da ihre Bestände stark zurückgegangen sind. Dieser Schwund hat verschiedene Ursachen: Die mageren Standorte werden gedüngt, häufiger gemäht und von größeren Viehherden genutzt. Auch das Absammeln für Heilzwecke und das Abpflücken durch Wanderer haben zur Reduktion der Bestände geführt.

Der Gletscher-Hahnenfuß (*Ranunculus glacialis*) hält, was sein Name verspricht. Er besiedelt Moränen, also das Gesteinsmaterial, das von einem zurückweichenden

Gletscher freigegeben wird. Nur besondere Anpassungen befähigen ihn zu dieser Pionierleistung. Als Schuttstauer stellt er sich dem beweglichen Geröll mit einer Pfahlwurzel und dichtem Feinwurzelwerk entgegen. Auch Felsspalten bieten ihm geeignete Lebensräume. Erst ab einer Höhe von 1600 m kann man erwarten, den Gletscher-Hahnenfuß anzutreffen. Mit zunehmender Höhe ist er sozusagen einsame Spitze, denn er kann noch in über 4000 m Höhe existieren. Das kann keine andere Blütenpflanze in den Alpen. In solcher Höhe herrschen harte Bedingungen. Die Vegetationszeit dauert nur ca. drei Monate, und auch in dieser Zeit ist mit Kaltlufteinbrüchen und Schneefall zu rechnen. Im Juli/August öffnen sich die bis 3 cm großen, weißen, schalenförmigen Blüten. Als Bestäuber kann man Fliegen und kleine Schmetterlinge beobachten. Die Kelchblätter sind außen dicht rotbraun behaart, ein Unterscheidungsmerkmal zum ähnlichen Alpen-Hahnenfuß (*Ranunculus alpestris*). Gegen Ende der Blütezeit verfärben sich die Blüten rosarot bis rotbraun. Sowohl Kelch als auch Krone bleiben bis nach dem Abfallen der Früchtchen erhalten, ebenfalls ein typisches Merkmal des Gletscher-Hahnenfußes. Schon im September zieht die ganze Pflanze ein und überdauert mit Hilfe eines Rhizomes.

Ranunculus glacialis hat eine europäische arktisch-alpine Verbreitung. Eine verwandte Sippe findet sich in Westalaska.

Felsen, Hügel und Berge

cauticolus	Fels bewohnend
clivorum	Abhang, Hügel
collinus	Hügel-
glacialis	Gletscher-
montanus	Berg-
monticola	Bergbewohner
oreocharis, *oreophilus*	bergliebend
oreotrephes	auf Bergen wachsend
petraeus	Felsen-
rupestris	Felsen-
rupicola	felsbewohnend
saxatilis	auf Felsen lebend
scopulorum	Bergspitze, Felsen

Im und am Wasser

✽ Wie die Auflistung der Artbezeichnungen zeigt, ist das Wasser ein sehr vielgestaltiger Lebensraum. Zu unterscheiden sind zunächst einmal Süß- und Salzwasser sowie ihre Ufer- bzw. Strandbereiche. Im Binnenland bieten sich unterschiedliche Wassersysteme an wie Quellen, Bäche, Flüsse, Seen und Teiche. Auch Sümpfe und Moore werden vom Wasser dominiert. Im Wasser gibt es für die Pflanzen auch noch verschiedene Möglichkeiten: Sie können schwimmen oder untergetaucht sein, wobei sie entweder frei flottieren oder aber mit ihren Wurzeln im Grund verankert sind.

✽ Das Gewöhnliche Seegras (*Zostera marina*) ist eine untergetaucht lebende Meerespflanze, die im flachen Küstenverlauf bis etwa 10 m Tiefe vorkommt. Oft bildet es Massenbestände, so dass regelrechte Wiesen auf dem Meeresgrund existieren. Durch Stürme werden Seegräser häufig losgerissen und an die Küste gespült. Aus den sich verfilzenden Pflanzenresten entstehen so genannte »Meerbälle«, die am Strand als braune Kugeln auffallen.

✽ Das Hornblatt (*Ceratophyllum*) ist eine weltweit verbreitete Gattung mit nur wenigen Arten, die alle unterge-

taucht im Süßwasser vorkommen. *Ceratophyllum demersum* (Raues Hornblatt) und *C. submersum* (Zartes H.) weisen auch namentlich auf ihre Lebensweise hin. Die Pflanzen bestehen aus langen verzweigten Stängeln mit wirtelig angeordneten Blättern. In deren Achseln sitzen die unscheinbaren weiblichen und männlichen Blüten.

❁ Die zu den Rosengewächsen gehörende Bach-Nelkenwurz (*Geum rivale*) ist eine feuchtigkeitsliebende Art, die oft an Ufern kleiner Bäche zu finden ist. Sie besitzt nickende, glockenförmige Blüten mit braunroten, drüsig behaarten Innenkelchblättern und blassgelben bis hellroten Blütenblättern.

Mangroven und Sumpf-Herzblatt

An tropischen Küsten entstehen im Mündungsbereich von Flüssen besondere Gehölzformationen, die Mangroven. Hierbei handelt es sich um Bäume verschiedener Arten aus unterschiedlichen Familien. Allen gemeinsam ist ihre Anpassungsfähigkeit an die ungewöhnlichen Umweltbedingungen, die in diesem Bereich herrschen, wie die beträchtlichen Wasserschwankungen durch Ebbe und Flut, das brackige Wasser und das schlickige, kaum durchlüftete Substrat.

Zostera marina und *Ceratophyllum*

Rhizophora mangle (die Artbezeichnung könnte auch im Kapitel Fremdnamen aufgeführt sein, denn sie ist vom spanischen Vulgärnamen für die Mangrove abgeleitet) ist die bestandsbildende Art der westlichen Mangrove, die von der westafrikanischen Küste bis zu den tropisch-amerikanischen Küsten reicht. Die artenreichere östliche Mangrove umfasst die ostafrikanische Küste bis zu den Südseeinseln und Nordaustralien. *Rhizophora* entwickelt lange Stelzwurzeln, die in dem durch Wellenschlag und Gezeiten bewegten Wasser einen sicheren Halt garantieren und eine Wurzelatmung ermöglichen. Letztere ist notwendig, um Sauerstoff in den Teil des Wurzelsystems zu transportieren, der in dem äußerst sauerstoffarmen Schlickboden stockt. Wie alle anderen Mangrovengehölze ist auch *Rhizophora* ein ausgesprochener Halophyt (= Salzpflanze; siehe a. S. 182) und kann die erhöhten Salzkonzentrationen des Brackwassers gut ertragen.

Ein anderes Problem in diesem besonderen Lebensraum ist die Etablierung von Jungpflanzen bzw. die Samenausbreitung und Keimung. Auch dafür hat *Rhizophora* eine Patentlösung bereit. Ihre Frucht enthält nur einen einzigen Samen mit einem großen Embryo. Solange die Frucht noch an der Mutterpflanze hängt, setzt bereits das Wachstum des Embryos ein, bis er schließlich den Scheitel der Frucht durchwächst und eine Länge bis zu 40 cm erreichen kann. In diesem Stadium löst sich der Keimling von der Mutterpflanze und fällt mit seinem erheblichen Gewicht ins seichte Wasser, wo er im Idealfall im Schlick steckenbleibt und sogleich Wurzeln gebildet werden. Diesen Vorgang, der im Pflanzenreich eher selten vorkommt, bezeichnet man als Viviparie (= Lebendgeburt).

Das Holz von *Rhizophora* ist sehr wasserbeständig und widerstandsfähig gegenüber dem Schiffsbohrwurm. Es wird bevorzugt für Schiffs- und Hafenbauten verwendet.

Die Gattung *Parnassia* (Herzblatt) bildet eine eigene Familie, die in die Verwandtschaft der Spindelbaum-

Rhizophora mangle und Parnassia palustris

artigen Gewächse gestellt wird. Sie umfasst etwa 50 Arten mit einem Verbreitungsschwerpunkt in den Gebirgen Ostasiens. In Europa kommt nur die Art *Parnassia palustris* (Sumpf-Herzblatt) vor. Es ist eine lichtliebende Pflanze, die feuchte bis wechselfeuchte Standorte bevorzugt und als Charakterpflanze der Kalk-Flachmoore gilt.

Der deutsche Name Herzblatt weist auf ein besonderes Merkmal der Pflanze hin, die, neben ovalen Rosettenblättern, an jedem Blütenstängel in der unteren Hälfte ein herzförmiges Blatt besitzt. Die Blüten öffnen sich spät im Jahr, von August bis Oktober. An den fünf weißen Blütenblättern ist eine deutliche Aderung sichtbar. Aber das auffälligste Merkmal der Blüten sind fünf handförmige Organe mit drüsenköpfigen Strahlen. Dabei handelt es sich um Scheinnektarien, die Fliegen anlocken. Eine Selbstbestäubung wird dadurch ausgeschlossen, dass zuerst die Staubblätter einer Blüte heranreifen, und zwar eins nach dem anderen, ihre Pollen an Bestäuber abgeben und dann abwelken. Nachdem das letzte Staubblatt abgefallen ist, reifen die Narben heran und sind zur Pollenaufnahme bereit.

Da immer mehr Feuchtgebiete durch Entwässerung und landwirtschaftliche Nutzung zerstört werden, geht auch der Bestand des Sumpf-Herzblattes immer mehr zurück. Die Art wurde deshalb in Deutschland unter Schutz gestellt.

Im und am Wasser

aquaticus, aquatilis	Wasser-
demersus	untergetaucht
elodes	sumpfbewohnend
fluitans	fließend, schwimmend
fluvialis, fluviatilis	im/am Fluss lebend
fontanus	von der Quelle
helodes	sumpfliebend
immersus	eingetaucht, versunken
inundatus	überschwemmt
irrigatus, irriguus	bewässert, gewässert
lacustris	Sumpf-, Teich-
limnophilus	sumpfliebend
limosus	schlammig
lit(t)oralis	Strand-, Ufer-

Im und am Wasser

mangle	Mangrove
marinus	Meer-, See-
maritimus	Meer-, Strand-
natans	Schwimm-, Wasser-
oceanicus	ozeanisch
paludosus	Moor-, Sumpf-
paluster, palustris	Moor-, Sumpf-
riparius	Ufer-
rivalis	Bach-
rivularis	Bächlein-
stagnalis	im Teich lebend
submersus	untergetaucht
thalassicus	das Meer bewohnend
uliginosus	Sumpf-, Moor-

Umweltbedingungen
Klima und Boden

❦

❋ Im Laufe einer langen Evolution haben sich viele Pflanzen zu Spezialisten entwickelt, die auch mit schwierigen Lebensbedingungen fertig werden. Dass es zahlreiche Arten gibt, die in und am Wasser leben, wurde im vorigen Kapitel vorgestellt. Aber auch die entgegengesetzte Entwicklung, mit möglichst wenig Wasser auszukommen, vollzog sich. Solche Pflanzen bezeichnet man als Xerophyten (Trockenpflanzen). Die Licht- und Temperaturverhältnisse sind ebenfalls Faktoren, die begrenzend auf das Wachstum einer Pflanze wirken. Eine wichtige Rolle spielt natürlich auch das Substrat, in dem die Pflanzen wurzeln. Haben sich bestimmte Mineralien oder Schwermetalle im Boden angereichert, sind nur noch wenige Arten in der Lage, solche Standorte zu besiedeln.

❋ Im Norden Chiles findet man auf fast vegetationslosen

Astragalus frigidus und Gypsophila repens

Hängen in der Halbwüste eine Kakteenart, *Pilocopiapoa solaris*, die wirklich ein Sonnenkind ist. Mit einem kalten Klima muss der Gletscher-Tragant (*Astragalus frigidus*) zurechtkommen, der in Höhen von 1800 bis 2500 m vorkommt.

❊ Das Gips- oder Schleierkraut (*Gypsophila*) wächst gern auf kalkhaltigen Böden und hat vermutlich deshalb den Namen erhalten. Eine andere Erklärung liefern die Blüten, die weiß wie Gips sind. Zwei bekannte Arten sind *Gypsophila repens*, das Kriechende Gipskraut, und *G. paniculata*, das Rispige Schleierkraut, das in der Blumenbinderei verwendet wird.

❊ Einen sehr ungewöhnlichen Standort haben sich die so genannten Galmeipflanzen ausgesucht. Galmei ist Zinkerz, das nur selten als anstehendes Gestein zutage tritt und meist auf Abraumhalden von Bergwerken vorkommt. Es gibt eine Reihe von höheren Pflanzen und Flechten, die bevorzugt auf solchen zinkreichen Gesteinen wachsen. Das Galmei-Veilchen (*Viola lutea* ssp. *calaminaria*) trägt diese Spezialisierung auch in seinem Namen.

Salz- und Sandkraut

Das Salzkraut (*Salsola*) ist mit über 100 Arten hauptsächlich in den Wüsten- und Steppengebieten Afrikas, Arabiens und Asiens zu Hause. Die meist unscheinbaren Pflanzen sind durch ihren Alkalireichtum bekannt geworden, der dazu führte, dass ihre Asche als Waschmittel genutzt wurde.

In Europa dominiert *Salsola kali*, das Kali-Salzkraut. Es ist eine weit verbreitete Küstenpflanze, die aber auch im Binnenland an entsprechenden Standorten vorkommt, hier allerdings mit einer eigenen Unterart (ssp. *ruthenica*). Der Salzgehalt der Böden, in denen das Kali-Salzkraut wurzelt, ist hoch. Nur eine Pflanzengesellschaft, die mit solchen extremen Bedingungen zurechtkommt, kann sich hier etablieren. Die so genannten Halophyten (= Salzpflanzen) haben unterschiedliche Anpassungen entwickelt, um in den salzhaltigen Böden leben zu können. Manche Salzpflanzen speichern Natrium und Chloridionen, um so die osmotischen Bodenwerte ausgleichen zu können. Andere können Salz abscheiden, entweder durch Drüsen oder indem sie Pflanzenteile, die mit Salz angereichert sind, einfach abwerfen. Wieder eine andere Gruppe speichert Wasser in den Geweben, um den hohen Salzkonzentrationen im Zellsaft entgegenzuwirken. Letzteres wird als Salzsukkulenz bezeichnet.

Das Kali-Salzkraut ist eine einjährige Pflanze, die 20 bis 80 cm groß werden kann. Auffallend sind die linealischen, stachelspitzigen Blätter, die sukkulent, also wasserspeichernd sind und in deren Achseln die unscheinbaren Blüten sitzen. Am Ende der Vegetationsperiode, wenn die Früchte reif sind, stirbt die Pflanze ab und löst sich vom Boden. Die Standorte der Pflanzen, Küsten- und Steppengebiete, sind offene, windgefegte Landschaften. Diese Gegebenheiten werden für eine ganz besondere Art der Samenausbreitung genutzt, denn die ganze Pflanze wird vom Wind erfasst und verweht, und dabei streut sie ihre Samen aus. Auch von anderen Arten in solchen Gebieten wird diese Ausbreitungsmethode praktiziert. Man spricht von Steppenrollern, die uns im übrigen aus Wildwestfilmen bestens bekannt sind.

Das Sandkraut (*Arenaria*) erhielt seinen Namen aufgrund des Vorkommens einiger Arten auf sandigen Böden. Es ist mit über 200 Arten in fast allen Gebieten der Erde verbreitet, Australien ausgenommen. Das

Salsola kali und Arenaria biflora

Erscheinungsbild der Arten ist wenig auffällig. Es sind meist kleine, niederliegende oder rasenbildende Pflanzen mit kleinen, weißen (sehr selten rosaroten) Blüten. Viele Arten sind Bewohner von Hochgebirgen und Steppengebieten. Die in Europa heimischen 50 Arten haben ihr Verbreitungszentrum im Mittelmeergebiet.

Trotz der Unscheinbarkeit steht eine Sandkraut-Art über allen Blütenpflanzen der Erde. *Arenaria musciformis* wächst im Himalaja noch in Höhen von über 6000 m; keiner anderen Blütenpflanze ist ein Leben in diesen Regionen möglich.

Stellvertretend für die Gattung sei eine hübsche, alpine Art vorgestellt, das Zweiblütige Sandkraut (*Arenaria biflora*). Es wächst gern in Schneetälchen, das sind Mulden, die lange mit Schnee bedeckt sind, und auf durchfeuchtetem Feinschutt auf kalkfreien Böden in einer Höhenlage zwischen 1700 und 3000 m. Die bis zu 30 cm langen, verzweigten, kriechenden Stängel bilden an den Knoten oft Wurzeln aus, so dass sie sich gut verankern können. Sie sind dicht gegenständig mit ovalen bis rundlichen Blättern besetzt. Die fünfzähligen, weißen Blüten öffnen sich von Juli bis September. Wie die Artbezeichnung besagt, stehen die Blüten zu zweit (auch einzeln) am Ende von kurzen Seitensprossen.

Klima und Boden

algidus	Kälte ertragend
apricus	in sonniger Lage wachsend
Arenaria	sandig (Sandkraut)
arenosus	sandig
aridus	trocken, dürr
calaminaria	Galmei-
calcareus	kalkliebend
calcicola	kalkbewohnend
frigidus	kalt
gypsicola	gipsbewohnend
Gypsophila	Gipsfreundin (Gipskraut)

Klima und Boden

halophilus	salzliebend
niphophila	schneeliebend
quartziticola	quarzbewohnend
sabulosus	auf Sand wachsend
salicola	salzige Böden bewohnend
salinus	salzliebend
Salsola	salzig (Salzkraut)
siderophilus	eisenliebend
solaris	Sonnen-
xerophilus	Trockenheit liebend

Geographische Bezeichnungen

Himmelsrichtungen und Kontinente

※ Die Benennung einer Pflanze nach ihrem geographischen Standort wird gerne praktiziert und ist auch um so unverfänglicher, je größer die Einheit gewählt wird. Ein sehr grobes Schema liefern die Himmelrichtungen und die Kontinente. Dennoch kann es nützlich sein, wenn eine Artbezeichnung signalisiert, dass die Pflanze beispielsweise aus Afrika oder aber aus Amerika stammt.

※ *Livistona australis* ist eine Palme, die in den feuchten Regenwäldern von Südostaustralien vorkommt. Der bis zu 25 m hohe Säulenstamm trägt einen Schopf stattlicher Fächerblätter.

※ Einer unserer bekanntesten Frühlingblüher stammt aus dem Osten, genauer gesagt aus der Türkei und dem Libanon, *Hyacinthus orientalis*, die Hyazinthe. Die kolbenförmigen, stark duftenden Blütenstände gibt es dank reger Züchtungsarbeit in vielen Farbabstufungen.

※ Seine europäische Herkunft gibt das Pfaffenhütchen in seinem wissenschaftlichen Namen preis, *Euonymus europaeus*. Die meisten anderen Arten der Gattung sind dagegen in Asien beheimatet. Im Herbst, wenn auch seine Blätter einen intensiven Rotton annehmen, schmückt sich der Strauch oder kleine Baum mit den charakteristischen roten Früchten, die wie ein Barett aussehen.

※ Trotz seiner Artbezeichnung kommt *Ranunculus asiaticus* außer in Asien auch in Nordostafrika und im östlichen Mittelmeergebiet vor. Unter dem deutschen Namen Ranunkel ist er wohl allen Gärtnern besser bekannt.

Hyacinthus orientalis und Sparrmannia africana

❀ Noch vor ein paar Jahrzehnten war *Sparrmannia africana*, die Zimmerlinde, eine beliebte Zimmerpflanze. In ihrer südafrikanischen Heimat wachsen die Pflanzen zu 12 m hohen Bäumen heran. Das ist für eine Zimmerkultur nicht gerade ideal.

Abend- und Morgenländische Platane und Amerikanische Agave

Die Gattung *Platanus* (Platane) ist mit sechs Arten in Nordamerika und einer Art in Südosteuropa bis Indien verbreitet. Fossile Reste bezeugen, dass es schon in der Kreidezeit, vor etwa 90 Millionen Jahren, Platanen gab, die dann im Tertiär Teile Europas besiedelten. Die Eiszeiten führten dann zu ihrer Verdrängung, so dass sie sich nur noch in den Balkanländern, Asien und Nordamerika halten konnten.

Ein unverwechselbares Merkmal der Platanen ist ihre sich in Platten ablösende Borke. Die Stämme erscheinen dadurch bunt gescheckt. Die Blätter ähneln denen eines Ahorns (*Acer*), sie sind drei- bis siebenlappig. Bei allen Arten sind die Blüten zu kugeligen Blütenständen vereinigt. Im Herbst, wenn die Blätter abgefallen sind, sieht man dann die Kugeln der Fruchtstände im Geäst hängen.

Die Morgenländische Platane (*Platanus orientalis*) ist ein mächtiger Baum, der von den Römern schon 360 v. Chr. in Italien eingeführt wurde. In England findet man die Art seit 1561 und in Frankreich seit 1750.

Aus dem südöstlichen Nordamerika kam 1640 die Abendländische Platane (*Platanus occidentalis*) nach Europa. Im Botanischen Garten von Oxford soll dann ca. 30 Jahre später eine Hybride zwischen beiden Arten entstanden sein, die heute als *Platanus × hispanica* bezeichnet wird. Diese den Elternteilen an Vitalität und Anpassungsfähigkeit überlegene Hybride ist einer der beliebtesten Allee- und Straßenbäume geworden. Vor allem in Südfrankreich findet man lange Platanenalleen, die in blattlosem Zustand die Strahlen der Winter- und Frühjahrssonne ungehindert passieren lassen, aber im Sommer mit ihrem Blätterdach kühlenden Schatten spenden.

In London wird *Platanus × hispanica* aus einem anderen Grund gern angepflanzt: Sie verträgt den berüchtigten Londoner Smog gut und ist deshalb anderen Bäumen überlegen.

Agaven sind ausschließlich Bewohner der amerikanischen Subtropen und Tropen, wobei ihr Entfaltungszentrum in Mexiko liegt. *Agave americana* ist mittlerweile eine Charakterpflanze des gesamten Mittelmeerraumes geworden, da sie hier ähnliche Bedingungen wie in ihrer mexikanischen Heimat vorgefunden hat.

Die erste Pflanze gelangte 1561 nach Europa. Damals wurde sie noch als *Aloë americana* bezeichnet, weil sie ebenfalls Blattrosetten ausbildet wie die zu dieser Zeit bekannte afrikanische Gattung *Aloë*. Ein schnelles und

Platanus occidentalis und Agave americana

sicheres Unterscheidungsmerkmal findet sich an den Blättern, die bei *Agave* mit einem Enddorn bewehrt sind. In Topfkultur gezogen, kann es einige Jahrzehnte dauern, bis eine Pflanze von *Agave americana* zur Blüte gelangt, daher der volkstümliche Name Hundertjährige Aloë. Doch ist es endlich soweit, bietet sich ein grandioses Schauspiel. Der Blütenstand, der sich aus der Rosettenmitte erhebt, kann bis 10 m hoch werden und zählt damit zu den größten im Pflanzenreich. An den waagrecht abstehenden Rispenästen sitzen 8 cm lange, duftende, grünlichgelbe Röhrenblüten, die am heimatlichen Standort von Fledermäusen bestäubt werden. Nach der Blüte stirbt die Pflanze ab, sie hat aber vorher für vegetativen Nachwuchs gesorgt.

Es ist nicht verwunderlich, dass in früheren Zeiten das Blühen einer Agave ein besonderes Ereignis darstellte. Viele Illustrationen aus dem 17. und 18. Jahrhundert legen Zeugnis davon ab. Auch Medaillen wurden aus solchen Anlässen geprägt. In Stuttgart blühte 1658 eine besonders große Agave, die in einem Gemälde und einem Kupferstich überliefert ist. Es wurden 12 000 Blüten gezählt. In der »Chroniken von Wirtemberg« wird über dieses Ereignis berichtet.

Himmelsrichtungen

australis — südlich (auch australisch)

austrinus — südlich

borealis — nördlich

hyperboreus — im äußersten Norden

meridionalis — südlich (auch Mittag)

occidentalis — westlich, abendländisch

orientalis — östlich, morgenländisch

septentrionalis — nördlich, arktisch

Kontinente

afer, afra afrikanisch

africanus afrikanisch

americanus amerikanisch

antarcticus antarktisch, südlich

asiaticus asiatisch

australasiacus australisch oder südliches Asien

europaeus europäisch

Länder

❦ Ländernamen sind oft sehr einfach zu identifizieren wie bei *indicus* oder *arabicus*. Schwieriger wird es, wenn es ältere Bezeichnungen für die Länder gibt wie bei Portugal, der Schweiz und Spanien, die als *lusitanicus*, *helveticus* und *hispanicus* existieren. Manchmal sind auch mehrere Bezeichnungen für ein Land gebräuchlich, beispielsweise *graecus* und *hellenicus* für Griechenland oder *japonicus* und *nipponicus* für Japan. Da die geographischen Verhältnisse auch eng mit der Politik verknüpft sind, beinhaltet die Nomenklatur noch Ländernamen, die längst nicht mehr existieren. Kolumbien gehörte bis 1739 zum Vizekönigreich Peru, wurde dann ein eigenes Vizekönigreich Neugranada und erklärte 1810 schließlich seine Unabhängigkeit. Pflanzen mit der Artbezeichnung *novogranatensis* müssen also vor 1810 beschrieben worden sein.

❦ Das Französische Greis- oder Kreuzkraut (*Senecio gallica*) bevorzugt sandige Böden und ist in Südeuropa beheimatet.

Kerria japonica

❋ Der Teestrauch (*Camellia sinensis*) stammt aus der chinesischen Provinz Yünnan sowie aus Burma und Assam, wo er bis zu einer Höhenlage von 2000 m gedeiht. Eine Handschrift besagt, dass bereits 2700 v. Chr. das Teetrinken in China üblich war.

❋ Hinter dem Namen Ranunkelstrauch verbirgt sich ein beliebtes Ziergehölz aus Japan und China, *Kerria japonica*. Wir kennen es meist nur in seiner gefüllten Form, die uns im Frühjahr eine Fülle gelber Blütenbälle beschert.

❋ Auf der Insel Madagaskar gibt es viele bemerkenswerte Pflanzen, die nur hier vorkommen. Zu diesen zählt auch *Didierea madagascariensis*, eine dornige Pflanze, die einem Säulenkaktus gleicht. Erst nach vielen Jahren erreicht sie die Blühfähigkeit. Dann sind die Triebe mit vielen kleinen Blüten übersät.

Arabischer Kaffee und brasilianischer Kautschukbaum

Coffea arabica (Arabischer Kaffee, Berg-Kaffee) ist ein kleiner, bis 9 m hoher Baum. Seine Heimat ist das abessinische Bergland, wo er im Unterholz der Wälder vorkommt. So scheint die Artbezeichnung *arabicus* ein Missgriff zu sein, doch sie wird dadurch gerechtfertigt, dass die Domestikation des Kaffees auf der arabischen Halbinsel, nämlich auf den bewässerten Bergterrassen des Jemen, ihren Anfang nahm.

Seit dem 15. Jahrhundert ist das Kaffeetrinken in Arabien üblich. In Mekka wurde 1511 sogar ein Gesetz gegen den übertriebenen Kaffeehausbesuch erlassen, und von hier aus wurde der Kaffee durch die Pilger in der ganzen islamischen Welt verbreitet. Vom jemenitischen Hafen Mocha (Mokka) aus gelangten 1615 erstmals

Kaffeebohnen nach Venedig. Mokka entwickelte sich später zu einem Qualitätsbegriff für arabischen Kaffee. Heute versteht man darunter einen besonders starken Aufguss.

Über Alexandrien und die türkischen Mittelmeerhäfen drang der Kaffee weiter nach Europa vor. Die Nachfrage wurde immer größer und der Kaffeeexport zum lukrativen Geschäft. Schon im 17. Jahrhundert fiel das Monopol der Araber. In den holländischen Kolonien Ceylon und Java wurde mit dem Kaffeeanbau begonnen und erreichte ca. 60 Jahre später auch Südamerika. Heute ist Brasilien unangefochten der Spitzenreiter als Kaffeeproduzent, gefolgt von Kolumbien.

Neben *Coffea arabica* gibt es noch drei weitere *Coffea*-Arten, die Kaffeebohnen liefern, aber nur ca. 25 % des Marktanteils ausmachen. Die Kaffeebohnen sind botanisch gesehen die Samen der Pflanze. Aus den büschelig angeordneten, weißen, duftenden Blüten entwickeln sich zweisamige, rote Steinfrüchte, die Kaffeekirschen. Die gefurchten Samen werden auch von ihrer silbrigen Samenschale befreit, denn nur im verbleibenden Nährgewebe stecken die wertvollen Inhaltsstoffe. In 100 g verwertbarem Anteil sind 1,3 g Coffein enthalten.

Aus der heimischen Natur ist bekannt, dass bei vielen Wolfsmilchgewächsen (Euphorbiaceae) bei Verletzung ein Milchsaft austritt. Das ist auch der Fall beim Parakautschukbaum (*Hevea brasiliensis*), dessen Milchsaft den Kautschuk liefert. Seine Heimat ist das Amazonasgebiet von Peru und Brasilien.

*Coffea arabica und
Hevea brasiliensis*

Der Kautschuk wird durch Anritzen der Stämme gewonnen. Ein Baum kann bereits ab dem fünften Jahr nach der Aussaat angezapft und dann 30 Jahre lang (das Optimum ist nach 12 Jahren erreicht) beerntet werden.

Als Nutzpflanze hat der Kautschukbaum viele Höhen und Tiefen erlebt. Begonnen hat seine Nutzung sehr früh. Im 10. und 11. Jahrhundert verwendeten die Mayas bereits Kautschukbälle für ihre Spiele. Nach Europa, genauer gesagt nach Portugal gelangte der Kautschuk 1759. Doch allzu viel wusste man nicht mit diesem Material anzufangen, das bei Hitze klebrig und bei Kälte brüchig wurde. Der Zufall wollte es, dass ein englischer Mechaniker im Jahr 1770 eine »Nebenwirkung« des Kautschuk entdeckte, seine Eigenschaft, Bleistiftstriche von Papier zu entfernen, ohne letzteres zu beschädigen. Der Radiergummi war gefunden.

Mit der Erfindung der Vulkanisation und der Luftreifen für Autos erlebte der Kautschukhandel im 19. Jahrhundert einen rasanten Höhenflug. Das brasilianische Monopol fiel 1876, als ein englischer Pflanzer 70 000 *Hevea*-Samen nach England verschiffte, die im Botanischen Garten von Kew ausgesät wurden. Die Jungpflanzen transportierte man für die Anlage einer Plantage nach Singapur. Bereits 1913 wurde in den asiatischen Plantagen mehr Kautschuk erzeugt als in Brasilien. Die Stadt Manaus erstrahlte nur für kurze Zeit als luxuriöse und glamouröse Metropole. Heute wird der Großteil des Bedarfs durch synthetischen Kautschuk gedeckt.

Länder

anglicus	englisch
arabicus	arabisch
austriacus	österreichisch
brasiliensis	brasilianisch
canadensis	kanadisch
chinensis	chinesisch
columbianus	kolumbianisch
gallicus	französisch
germanicus	deutsch
graecus	griechisch
hellenicus	griechisch
helveticus	schweizerisch

Länder

hibernicus	irisch
hispanicus	spanisch
indicus	indisch
japonicus	japanisch
keniensis	kenianisch
lusitanicus	portugiesisch
madagascariensis	madagassisch
nipponicus	japanisch
novogranatensis	kolumbianisch
peruvianus	peruanisch
sinensis	chinesisch
suecicus	schwedisch

Regionen

❁ Unter Regionen werden hier unterschiedliche geographische Bezirke verstanden. Das können Bundesstaaten der USA sein oder Provinzen in China wie es in den Artbezeichnungen *virginicus* und *yunnanensis* zum Ausdruck kommt. Etwas schwieriger zu interpretieren sind antike Landschaftsnamen (z. B. Pannonien), die nichts mit heutigen Ländergrenzen zu tun haben. Gute regionale Bezeichnungen bieten auch Gewässer, Inseln und vor allem Gebirge.

❁ Der Kalifornische Goldmohn (*Eschscholzia californica*) besiedelt Trockengebiete von Oregon bis zur kalifornischen Küste. Es sind einjährige Pflanzen, die nach Regenfällen mit ihren orangeroten bis gelben Mohnblüten die sonst kargen Landschaften in blühende Gärten verwandeln.

❁ Im gesamten Mittelmeergebiet verbreitet ist *Lonicera etrusca*, das Etruskische Geißblatt, ein laubabwerfender, wärmeliebender Strauch. Die pastellfarbenen Blüten sind auch in ihrem Bau interessant, denn von den fünf Kronblattzipfeln bilden vier die Oberlippe und einer die Unterlippe.

❁ Die Kanarischen Inseln besitzen eine sehr vielfältige Flora mit einigen Arten, die nur hier vorkommen. Beispiele sind die Kanaren-Wolfsmilch (*Euphorbia canariensis*), eine sprosssukkulente Pflanze, und *Aeonium canariense*, ein rosettenbildendes Dickblattgewächs.

❁ Der Bergflachs (*Thesium*) ist ein sommergrüner Halbparasit. Trotz der Artbezeichnung ist *Thesium alpinum* eine weit verbreitete europäische Gebirgspflanze. Von Mittel- bis Südeuropa kommt *Thesium pyrenaicum*, der Pyrenäen-Bergflachs, vor. Beide Arten sind leicht an ihren Blüten zu unterscheiden: *T. alpinum* hat vierzählige, *T. pyrenaicum* fünfzählige Blüten.

REGIONEN

Eschscholzia californica und Lonicera etrusca

Alpenglöckchen und Seychellennusspalme

Bei einer Wanderung in den Alpen kann man auch im Frühsommer noch Schneereste antreffen oder Stellen, an denen der Schnee gerade geschmolzen ist. Es sind nasse Böden, oft Mulden, die von bleichbraunen alten Grasresten bedeckt sind. Auf den ersten Blick scheint hier noch tiefer Winterschlaf zu herrschen, doch mit wachsamem Auge erkennt man runde, dunkelgrüne Schildblättchen und aufsteigende Stängel, an denen zartlila, gefranste Glöckchen hängen. Das Echte Alpenglöckchen (*Soldanella alpina*) scheut auch den Schnee nicht. Manchmal sieht man Pflanzen, deren Blüten eine Firndecke durchbrochen haben. Man nahm an, dass die Pflanze allein durch ihre Atmungswärme ein Loch in den Schnee schmelzen könne. Doch scheint es so zu sein, dass sich die dunklen Kelchblätter und Stängel der Pflanze durch die Sonnenstrahlen, die den Schnee durchdringen, so stark erwärmen, dass der Schnee über den Blüten schmilzt.

Soldanella alpina hat eine weitere Verbreitung, als die Artbezeichnung vermuten lässt. Sie kommt außer in den Alpen in den Pyrenäen, dem Jura, dem Schwarzwald und im Illyrischen Gebirge vor. Obwohl sie eine typische Gebirgspflanze ist, ist sie nicht an größere Höhen gebunden, sondern kann schon ab ca. 500 m Höhe wachsen und bis 3000 m emporsteigen. Je nach Höhenstufe und Schneebedeckung variiert die Blütezeit. In hohen Lagen kann man noch im Juli/August blühende Alpenglöckchen antreffen. Als Begleitpflanze findet man den Alpen-Hahnenfuß (*Ranunculus alpestris*) mit glänzenden Blättern und weißen Schalenblüten.

An ähnlichen Standorten wächst eine nahe Verwandte, das Kleine Alpenglöckchen (*Soldanella pusilla*) mit einblütigen Stängeln und weniger tief geschlitzten Blütenblättern. Diese Art ist mehr südlich verbreitet, in den östlichen Alpen, den Südkarpaten bis Südwestbulgarien.

Die Seychellennusspalme hat einige Superlative zu bieten, allen voran bei ihren Früchten, die die Form einer doppelten Kokosnuss haben und nur einen Samen enthalten. Mit 55 cm Durchmesser und einem Gewicht von 10 bis 25 kg sind es die größten Baumfrüchte und die größten Samen im Pflanzenreich.

Um die Früchte rankten sich die wundersamsten Legenden, denn man kannte ihren Ursprung lange Zeit nicht. Seefahrer fanden die Früchte zuweilen schwimmend im Indischen Ozean. Daher glaubte man, die Früchte stammen von einem Baum, der in den Tiefen des Meeres wächst. Als Gegengift für alle bekannten Gifte wurde die Frucht gerühmt und entsprechend hoch gehandelt. Auch in die Wunderkammern der Fürsten wan-

Soldanella alpina und Lodoicea maldivica

derte sie, prunkvoll mit Gold und/oder Edelsteinen verziert, eine Spezialität des 16. und 17. Jahrhunderts, die solche seltenen Naturalien (dazu gehörten auch Straußeneier, Nautilusgehäuse und Kokosnüsse) noch kostbarer machten.

Da die Früchte oft in den Gewässern der Malediven gefunden wurden, gab man der Pflanze (die immer noch unbekannt war) den Namen *Lodoicea maldivica*. Erst 1743 entdeckte man auf einigen Inseln der Seychellen eine riesige Palme, die die Nüsse hervorbrachte. Manchmal findet man auch den Namen *Lodoicea sechellarum*, eine unkorrekte Bezeichnung, da *L. maldivica* Priorität hat.

Auch die Ausmaße der Palme sind imponierend. Am Ende eines bis 30 m hohen Stammes sitzen die gefächerten Blätter, die 4 m lang und bis 3 m breit sind. Im Alter von 30 Jahren hat die Palme die blühfähige Phase erreicht. Zu diesem Zeitpunkt ist oft noch kein Stamm ausgebildet. Die 30 m hohen Exemplare werden auf ein Alter von 600 bis 800 Jahren geschätzt. Die Fruchtbildung dauert sehr lange, von der Bestäubung bis zur reifen Frucht vergehen sieben Jahre.

Regionen

alpestris, alpinus	Alpen-
amurensis	vom Amur (Strom in Sibirien)
californicus	kalifornisch
canariensis	von den Kanarischen Inseln
carpaticus	aus den Karpaten
caucasicus	aus dem Kaukasus
etruscus	etruskisch, toskanisch
himalaicus, himalayanus	aus dem Himalaja
javanicus	aus Java
malabaricus	von der Malabarküste (SW-Indien)
maldivicus	von den Malediven
niloticus	vom Nil
pannonicus	aus Pannonien (antike Landschaft in Ungarn/Jugoslawien)

Regionen

pen(n)sylvanicus	aus Pennsylvanien (USA)
ponticus	vom Schwarzen Meer
pyrenaeus, pyrenaicus	aus den Pyrenäen
r(h)aeticus	aus Rätien (römische Provinz, entspricht Graubünden)
ruthenicus	aus Ruthenien (Landschaft zw. Ungarn und der Ukraine)
sardensis	aus Sardinien
se(y)chellarum	von den Seychellen
tasmanicus	aus Tasmanien
taurinus	vom Taurus-Gebirge
virginianus, virginicus	aus Virginia (USA)
yunnanensis	aus Yünnan (China)
zeylanicus	aus Ceylon (Sri Lanka)

Städte

❦ Was für die Regionen noch möglich war, dass eine Pflanze mit einer entsprechenden Artbezeichnung nur hier vorkommt, ist für die Städte sehr unwahrscheinlich. Zudem sind Städte in den wenigsten Fällen ein Lebensraum für Wildpflanzen. Die Benennung nach einer Stadt soll vielmehr daran erinnern, dass der erstmalige Fund einer Art in der Nähe dieser Stadt gemacht wurde.

❦ Als Beispiele einer Widmung nach deutschen Städten seien zwei Arten genannt. *Populus × berolinensis* ist eine Pappel, die aus einer Verbindung von *Populus laurifolia × P. nigra* var. *italica* hervorgegangen ist. Die Hybride ist aus gärtnerischer Herkunft, vielleicht aus dem Berliner Raum. Der Regensburger Geißklee (*Chamaecytisus ratisbonensis*) besiedelt trockene Standorte. Es ist ein kleiner

Aphyllanthes monspeliensis und Ornithogalum narbonense

Strauch, der im Frühling mit gelben Schmetterlingsblüten besetzt ist. Bei Regensburg erreicht er seine westliche Arealgrenze.

❋ Im Mittelmeergebiet ist die Artenvielfalt groß und deshalb finden wir auch einige Städte in den Pflanzennamen verewigt. Die Binsenlilie (*Aphyllanthes monspeliensis*) ist eine sehr grazile Pflanze, die vor allem in den typischen Felsfluren des Mittelmeergebietes vorkommt. Die blaugrünen, binsenähnlichen Blätter bilden Horste. Fast schwerelos erscheinen die kleinen blauen Blüten, deren Kronblätter von einem dunklen Mittelnerv durchzogen werden. Narbonne, südwestlich von Montpellier gelegen, ist Namenspatin für eine hübsche Zwiebelpflanze, den Narbonne-Milchstern (*Ornithogalum narbonense*).

❋ Als Nutzpflanze ist der Peking- oder Schantung-Kohl (*Brassica pekinensis*) in seiner Heimat schon lange bekannt. Bei uns findet man ihn selten im Handel, im Gegensatz zu seiner Schwesternart, dem China-Kohl (*Brassica chinensis*), der inzwischen einen Stammplatz auf unseren Speisezetteln gefunden hat.

Die Wunderblume aus Jalapa und Nelken aus Grenoble und Montpellier

Die Wunderblume (*Mirabilis jalapa*) ist nach der Hauptstadt des mexikanischen Staates Veracruz benannt – so besagt es die Artbezeichnung. Die Namensgebung beruht indessen auf einem Irrtum von Linné. Die Knollen der Purgier-Winde (*Ipomoea purga*), die als drastisches Abführmittel dienen, werden auch als Jalapenwurzeln bezeichnet, da die Pflanze aus Mexiko stammt. Seit 1629 sind sie in deutschen Apotheken als »Mechoacanna nigra« bekannt. Linné kannte die Purgier-Winde und hielt die ihm vorliegende Pflanze durch die Ähnlichkeit der Knolle für diese Jalapenwurzel und gab ihr deshalb den wissenschaftlichen Namen *Mirabilis jalapa*. Ihre Knollen finden ebenfalls als Abführmittel Verwendung, sind aber von milder Wirkung, wie durch den spanischen Arzt Nicolas Monardes seit 1574 bekannt ist. In den deutschen Apotheken ist das Mittel seit 1582 nachweisbar.

Mirabilis jalapa stammt aus Mexiko und wird bei uns gelegentlich als Zierpflanze kultiviert, vor allem in Bauerngärten. Da die Pflanze nicht winterhart ist, muss der rübenförmige Wurzelstock im Herbst aus der Erde genommen und trocken gelagert werden, ähnlich wie bei Dahlien. Die Blüten sind fünfzipfelig, weit ausgebreitet und verengen sich dann zu einer schmalen Röhre. Das Besondere ist ihre Vielfalt in der Blütenfarbe, die von Rot über Gelb bis Weiß reicht. Auch Mehrfarbigkeit kommt vor. Deshalb bezeichnete man sie als Wunderblume, und darum erlangte sie auch in der Genetik eine gewisse Popularität, da der Wissenschaftler C. Correns im Jahr 1900 die Gesetze der Vererbung an ihr erforschte. Bei der Kreuzung einer rotblütigen mit einer weißblütigen Rasse entstehen bei einem so genannten intermediären Erbgang Pflanzen mit rosaroten Blüten.

Ein ebenfalls gebräuchlicher deutscher Name, nämlich Vieruhrblume, macht auf das Blühverhalten aufmerksam. Die Blüten öffnen sich erst am Nachmittag, sind also nachtblütig.

Nelken – jeder hat sogleich eine Vorstellung von diesen Pflanzen. Welche Merkmale sind es, die uns so rasch ein Bild vor Augen führen? Es sind die kurzen, schmalen Blätter, die sich am Stängel immer zu zweit gegenüberstehen und an ihrer Ansatzstelle oft knotig verdickt sind, und die rosaroten oder weißen Blüten, deren schmaler Teil in einem zylindrischen Kelch steckt sowie der ausgebreitete, tellerförmige Teil (die Platte), der mehr oder weniger stark zerschlitzt ist.

Mirabilis jalapa und Dianthus monspessulanus

Mit dem deutschen Namen Pfingst-Nelke wird die Blütezeit von *Dianthus gratianopolitanus* hervorgehoben. Die wissenschaftliche Artbezeichnung ist in zweifacher Hinsicht mysteriös. Dass die französische Stadt Grenoble hinter dem lateinischen Namen Gratianopolis steckt, ist nicht offensichtlich. Zudem ist der Grund für eine solche Benennung unklar, da die Art nicht in der Gegend von Grenoble vorkommt. Der Jura ist ihr Verbreitungszentrum, nach Norden bis Südengland und nach Osten bis Westpolen ausstrahlend. Die Pfingst-Nelke ist eine Polsterpflanze mit grauen Blattrosetten. Aus dem Gewirr der Blätter ragen die bis 30 cm langen Blütentriebe empor, die meist nur eine einzelne, duftende Blüte tragen. Die rosaroten Blütenblätter sind am Rand gezähnelt.

Die Montpellier-Nelke (*Dianthus monspessulanus*) ist eine südeuropäische Gebirgspflanze und auch in den französischen Cevennen heimisch, die im Hinterland von Montpellier aufsteigen. Sie gehört zu einer Gruppe von Arten, die sich dadurch auszeichnen, dass die Platten der Blütenblätter sehr stark zerschlitzt sind. Ein wesentlicher Unterschied zu voriger Art besteht darin, dass wenige Blüten in einem rispig verzweigten oder kopfigen Blütenstand vereinigt sind.

Städte

alexandrinus   aus Alexandria (Ägypten)

antioquensis   aus Antioquia (Kolumbien)

berolinensis   aus Berlin (Deutschland)

beharensis   aus Behara (Madagaskar)

bogotensis   aus Bogota (Kolumbien)

bonariensis   aus Buenos Aires (Argentinien)

byzantinus   aus Byzanz (= Istanbul, Türkei)

damascenus   aus Damaskus (Syrien)

fluminensis   aus Rio de Janeiro (Brasilien)

genevensis   aus Genf (Schweiz)

Städte

gratianopolitanus	aus Grenoble (Frankreich)
jalapa	aus Jalapa (Mexiko)
lutetianus	aus Lutetia (= Paris, Frankreich)
monregalensis	aus Montreal (Kanada)
monspeliensis, monspessulanus	aus Montpellier (Frankreich)
narbonensis	aus Narbonne (Frankreich)
neapolitanus	aus Neapel (Italien)
pekinensis	aus Peking (China)
quitensis, quitoensis	aus Quito (Equador)
ratisbonensis	aus Regensburg (Deutschland)
yedoensis	aus Yedo (= Tokio, Japan)

Eigennamen
Gestalten der Mythologie

❁ Einige Gattungsnamen, aber auch Artbezeichnungen, leiten sich von Gestalten vorwiegend der griechischen Mythologie ab. Oft handelt es sich um Heilpflanzen, mit denen die Götter medizinische Wunder vollbrachten. Manchmal sind es aber auch Eigenschaften der Sagengestalten, die auf die pflanzlichen Gattungen übertragen werden. Ein Beispiel ist die Gattung *Protea*, die von Linné nach dem Meergott Proteus benannt wurde, der seine Erscheinung häufig veränderte, wie die *Protea*-Arten, die formen- und farbenreich sind.

❁ Die Tollkirsche (*Atropa*) ist nach Atropos benannt, einer der drei griechischen Schicksalsgöttinnen, die der Sage nach den Lebensfaden durchtrennt. Die Früchte der

von links nach rechts:
Protea, Atropa bella-donna und Paris quadrifolia

Pflanze enthalten ein sehr wirksames Gift, das in höheren Dosen tödlich wirkt.

❋ Und wenn der Tod eingetreten ist, erscheint die Götterbotin Iris. Sie geleitet die Seelen der Sterblichen auf dem schillernd bunten Regenbogen in die Unterwelt. So farbenfroh wie der Regenbogen sind auch die Blüten der Schwertlilien (*Iris*).

❋ Eine originelle Symbolik beinhaltet auch die Benennung der Einbeere (*Paris*). Die Pflanze besitzt eine einzelne Blüte mit vier lanzettlichen äußeren Perigonblättern (s. S. 80), die später auch noch die Frucht, eine fast schwarze Beere, umgeben. Die vier Blätter symbolisieren Paris, Hera, Athene und Aphrodite, die Beere den Eris-Apfel, den Paris der Schönsten der drei Göttinnen überreichen sollte.

❋ Die Beziehungen zwischen den mythischen Gestalten und der Pflanze können sogar auf äußerlichen Ähnlichkeiten beruhen. Das heimische Nelkengewächs *Silene* (Leimkraut), mit seinem kropfartig aufgeblasenen Kelch, ist nach Silenos benannt, dem trunkenen Begleiter des Weingottes Dionysos, der stets mit aufgedunsenem Bauch dargestellt wird.

EIGENNAMEN

Centaurea und Paeonia

Die Gattung *Centaurea* (Flockenblume) ist sehr artenreich. Weltweit können 600 Arten unterschieden werden. Ihr Verbreitungsschwerpunkt liegt im Mittelmeergebiet, in Vorderasien und im Nahen Osten. Für Europa werden 220 Arten verzeichnet. Auch Griechenland ist reich an *Centaurea*-Arten, von denen sicherlich eine das »große Kentaurion« war, die Pflanze, mit der Chiron seine Wunden behandelte, die ihm Herakles versehentlich beigebracht hat. Doch die Wunde heilte nie, so dass Chiron auf seine Unsterblichkeit zugunsten von Prometheus verzichtete, um damit seine Leiden zu beenden. Chiron war ein Kentaur, ein Wesen mit menschlichem Oberkörper und Pferdeleib. Er unterrichtete Asklepios in der Heilkunde und war Erzieher von Achilleus, dem späteren Helden der Schlacht um Troja. Auch die Gattung *Chiro-*

nia, ein Enziangewächs, dessen Arten vor allem in Südafrika vorkommen, erinnert an den Kentaur.

Die Flockenblumen, die zu den Körbchenblütlern (Asteraceae) gehören, sind leicht an den auffallend vergrößerten, randständigen Blüten zu erkennen. Stellvertretend für die zahlreichen schönen Arten können hier nur wenige genannt werden.

Centaurea calcitrapa, die Stern-Flockenblume, hat hauptsächlich eine west- und südeuropäische Verbreitung. Womöglich ist sie das »große Kentaurion«, denn sie dient auch heute noch als Heilpflanze. Ihre Blätter und Blüten wirken Wund heilend und Fieber senkend, die Wurzeln und Früchte Harn treibend. Das purpurfarbene Blütenköpfchen ist von mächtigen, strohgelben Dornen umgeben, eine abschreckende Schönheit. Der Begriff *calcitrapa* ist nicht eindeutig erklärbar. Er bedeutet vielleicht Fußangel.

Die Wiesen-Flockenblume (*C. jacea*) ist sehr variabel. Die ebenfalls purpurroten Blütenköpfchen sind mit stark

vergrößerten Randblüten geschmückt. Die Artbezeichnung *jacea* ist unklarer Herkunft, könnte aber aus dem griechischen *iakeia* (= heilendes Veilchen) herstammen.

Auch die früher in den Getreidefeldern als Unkraut verpönte Kornblume (*C. cyanus*)

von links nach rechts: Centaurea calcitrapa, C. jacea und C. solstitialis

gehört hierher. Sie wurde durch intensive Landwirtschaft drastisch dezimiert.

Schließlich soll mit *C. solstitialis* (Sonnwend-Flockenblume) noch eine gelb blühende Art vorgestellt werden. Ähnlich wie bei der Stern-Flockenblume enden die Hüllblätter in einem langen, gelben Dorn.

Die Pfingstrose (*Paeonia*) ist ebenfalls eine heilkräftige Pflanze. Einer der ältesten Heilgötter Griechenlands, Paieon, verhalf ihr zu ihrem Namen. Paieon heilte den von Herakles verwundeten Hades, den Gott der Unterwelt, mit Päonienwurzeln.

Schon Theophrast, Plinius und Dioskurides vertrauten auf die medizinische Wirkung der Pfingstrose. Wie viele andere Heilkräuter wurden Päonien im Mittelalter in den Klostergärten kultiviert. Von hier aus gelangten sie auch in die Bauerngärten. Heute werden das Rhizom, die Samen und vor allem die Blütenblätter der Pfingstrose gegen Gicht eingesetzt, daher auch die Bezeichnung

von links nach rechts: Paeonia officinalis Hybride, P. suffruticosa und P. wittmanniana

Gichtrose. Eine Art trägt ihre heilsame Wirkung auch in ihrer Artbezeichnung, *Paeonia officinalis*.

Etwa 30 Päonien-Arten sind bekannt, die in den gemäßigten Breiten der Nordhalbkugel verbreitet sind. In Europa findet man sie vorwiegend im Mittelmeergebiet. China kann schon auf eine 4000-jährige Kultur von Päonien zurückblicken. Dort ist eine besondere Gruppe dieser Pflanzen heimisch, nämlich die Strauchpäonien. Im Gegensatz zu den uns besser bekannten Staudenpäonien, die krautig sind und deren oberirdische Triebe im Winter absterben, verholzen diese Pflanzen und bilden Sträucher. Allen Päonien gemeinsam ist ihre Langlebigkeit.

In unseren Gärten werden meist Abkömmlinge von *Paeonia officinalis* und *P. lactiflora* kultiviert, und zwar hauptsächlich Sorten mit gefüllten Blüten. Solche gefüllten Blüten entstanden vermutlich schon im Spätmittelalter. Bei ihnen sind die Staubblätter in Blütenblätter umgewandelt.

Gestalten der Mythologie

Achillea	nach Achilleus
Adonis	nach Adonis, Geliebter der Aphrodite
Agave	nach Agaue, Tochter des Kadmos
Andromeda	nach Andromeda, Tochter des Kepheus und der Kassiope
Artemisia	nach Artemis
Asclepias	nach Asklepios, Gott der Heilkunde
Atropa	nach Atropos, Schicksalsgöttin
caput-medusae	Medusenhaupt, schlangenhaariger Kopf der Medusa
Centaurea	nach den Kentauren, Mischwesen aus Pferd und Mensch
Chironia	nach Chiron, einem Kentaur
gorgonias	nach Gorgone = Medusa
Heracleum, heracleus	nach Herakles, Hercules

Gestalten der Mythologie

Iris	nach Iris, Götterbotin
Ismene	nach Ismene, Tochter des Ödipus
Nymphaea	nach den Nymphen, Wassergeistern
Oberonia	nach Oberon, Elfenkönig
Paeonia	nach Paieon, Götterarzt
Paris	nach Paris, Sohn des Priamos von Troja
Protea	nach Proteus, Meergott
Serapias	nach Serapis, einem ägpytischen Gott
Silene	nach Silenos, Begleiter des Dionysos
Tagetes	nach Tages, einem Gott der etruskischen Mythologie
Teucrium	nach Teuker, einem trojanischen Helden
Thesium	nach Theseus, Sohn des Poseidon, König von Athen

Personen zu Ehren

❀ Schon Linné machte regen Gebrauch davon, Pflanzen nach Personen zu benennen, um ihnen dadurch Anerkennung zu erweisen. Die so gewürdigten Personen sind mit den Pflanzen in ganz unterschiedlicher Weise verbunden. Einige haben mit »ihrer« Pflanze eigentlich nichts zu tun. Es sind Persönlichkeiten, z. B. Fürsten oder Staatsbeamte, die in irgendeiner Form die botanische Forschung unterstützt haben und dafür geehrt wurden. Häufig sind Botaniker oder Gärtner die Namenspaten, da sie sich in der Erforschung bzw. Kultur der Pflanzen verdient gemacht haben. Eine unmittelbare Beziehung zu ihrer Namenspflanze haben dagegen die Sammler. Sie haben die Pflanze entdeckt und dadurch der Wissenschaft bekannt gemacht.

❀ Nicht nur eine Ehrung, sondern auch das Gefühl der Trauer sollte durch die Benennung von *Bartsia alpina* (Alpenhelm) durch Linné zum Ausdruck kommen. Die Pflanze, ein Halbschmarotzer der Braunwurzgewächse, ist sehr dunkel gefärbt. Sowohl die Blätter als auch die Blüten sind fast schwarzviolett. Mit dieser Trauerfarbe tragenden Pflanze gedachte Linné seines Freundes und

Kollegen Johann Bartsch, der schon mit 28 Jahren in Surinam verstarb.

✼ Linné hat sich selbst eine Pflanzengattung gewidmet. Das Moosglöckchen (*Linnaea borealis*) ist eine kleine, zierliche Pflanze, die in moosigen Nadelwäldern wächst. Die zart rosa überhauchten Blütenglocken duften nach Vanille. Es war die Lieblingsblume von Linné und er ließ sich nur mit dieser Pflanze porträtieren. Sogar ein Teeservice wurde nach seinen Wünschen mit Motiven von *Linnaea* verziert.

✼ Eine unserer beliebtesten Zimmerpflanzen, *Saintpaulia ionantha*, trägt den Namen ihres Entdeckers, des Freiherrn Walter von Saint-Paul Hilaire. Er war Bezirkshauptmann in Usambara in Ostafrika. Daher wird sie bei uns Usambaraveilchen genannt.

Goethea und Victoria

Johann Wolfgang von Goethe (1749–1832), der weltberühmte deutsche Dichter, hat sich auch eingehend mit den Naturwissenschaften beschäftigt. Besonders der Botanik war er zugetan. Im Jahr 1790 erschien sein Werk »Die Metamorphose der Pflanzen«. Damit hatte Goethe sich als Botaniker große Verdienste erworben. Eine kollegiale Anerkennung wurde ihm durch Christian G. D. Nees von Esenbeck (1776–1858) und Carl F. P. von Martius

von links nach rechts: Bartsia alpina, Linnaea borealis und Saintpaulia ionantha

(1794–1868) zuteil, die in einer gemeinsamen Publikation 1823 eine Gattung der Malvengewächse nach ihm benannten. Ein lateinischer Widmungstext besagt folgendes: »Goethe, der Zierde des Vaterlandes, zum Entzücken Floras. Möge dies immerfort als Erinnerungszeichen freudig blühen und gedeihen.« Die Pflanzen, die zu der Neubeschreibung Anlass gaben, stammten von der Expedition des Prinzen zu Wied-Neuwied, der 1815 bis 1817 Brasilien bereiste.

Goethe, der mit Nees von Esenbeck freundschaftlich verbunden war und in regem Briefwechsel mit ihm stand, war über die botanische Ehrung sehr gerührt und bedankte sich auch öffentlich in einem kleinen Aufsatz für das »ehrenvolle Denkmal«, das man ihm errichtet hat.

Vermutlich gibt es nur eine Art der Gattung *Goethea*, nämlich *G. cauliflora*. Die Pflanzen bilden kleine Sträucher, deren Blüten meist direkt an den Ästen oder am Stamm sitzen, wie die Artbezeichnung aussagt (*cauliflora* = stammblütig). Die Auffälligkeit der Blüten wird durch einen purpurroten Hüllkelch bewirkt, der unterhalb der Kelchblätter ansetzt und die gesamte Blüte umschließt. In ihrer brasilianischen Heimat werden die Blüten von Kolibris bestäubt.

Victoria, die Königin von England (1819–1901) und die Königin der Seerosen. Sie ist der Stolz jedes Botanischen Gartens, und das Gewächshaus, in dem diese imposante Seerose kultiviert wird, wird meist als Victoria-Haus bezeichnet.

Ihre Entdeckungsgeschichte ist weniger spektakulär als langwierig. Es vergingen viele Jahrzehnte, bis sie Namen und Platz im Pflanzenreich erhielt. Der deutsche Botaniker Thaddäus Haenke (1761–1816) bereiste im Auftrag der spanischen Regierung Südamerika. Im Amazonasgebiet entdeckte er 1801 die riesigen Schwimmblätter einer Seerose. Sein Bericht wurde jedoch stark angezweifelt. Niemand glaubte an die Existenz einer solchen Pflanze. Inzwischen verstarb Haenke, doch einer

Goethea cauliflora und Victoria cruziana

seiner Begleiter, der Pater La Cueva, machte den französischen Naturforscher Alcide d'Orbigny auf die Entdeckung aufmerksam. D'Orbigny reiste 1827 nach Amazonien und fand dort tatsächlich die größte aller bekannten Seerosen. Die Beschreibung der Gattung *Victoria* erfolgte 1838 durch John Lindley, zu Ehren der jungen englischen Königin, die 1837 den Thron bestiegen hatte.

Von dieser Gattung sind nur zwei Arten bekannt, *Victoria amazonica* vom Amazonas und Orinoco und *V. cruziana* vom Rio Paraná. Sehr beeindruckend sind die bis zu 4 m großen Schwimmblätter mit dem typischen aufgebogenen Rand. Auf der Blattunterseite treten kräftige Nerven hervor, so dass zwischen Blatt und Wasseroberfläche viel Luft eingeschlossen wird, die das Blatt nicht nur schwimm-, sondern auch enorm tragfähig macht. Bis zu 50 kg Gewicht kann ein Blatt tragen. Als Schutz gegen Tierfraß sind die Blattnerven mit Stacheln gespickt. Die bis zu 35 cm großen Blüten öffnen sich nur zweimal. Sie entfalten sich am späten Nachmittag in strahlendem Weiß. Käfer werden angelockt, die am nächsten Morgen in der Blüte eingeschlossen werden. Am folgenden Abend öffnet sich die nun rosarot gefärbte Blüte zum letzten Mal und entlässt die mit Pollen beladenen Käfer. Die Fruchtentwicklung erfolgt auf dem Gewässergrund.

Personen zu Ehren

Aubrieta	nach Claude Aubrietie (1665–1742), Blumen- und Tiermaler
Bartsia	nach Johann Bartsch (1710–1738), deutscher Arzt und Botaniker
Bauhinia	nach Jean (1541–1613) und Gaspard Bauhin (1560–1624), Botaniker
Begonia	nach Michel Begon (1638–1710), Gouverneur von Santo Domingo
Dahlia	nach Andreas Dahl (1751–1799), schwedischer Botaniker
Fuchsia	nach Leonhart Fuchs (1501–1566), deutscher Arzt und Botaniker
Goethea	nach Johann Wolfgang von Goethe (1749–1832), deutscher Dichter
Humboldtia, humboldtii	nach Alexander von Humboldt (1769–1859), deutscher Reisender und Naturforscher
Lewisia	nach Meriwether Lewis, englischer Gouverneur von Louisiana (1774–1809)
Linnaea	nach Carl von Linné (1707–1778), schwedischer Botaniker
Lonicera	nach Adam Lonitzer (1528–1586), deutscher Arzt und Botaniker

Personen zu Ehren

magellanicus	nach Fernão de Magellan (1480–1521), portugiesischer Seefahrer
Magnolia	nach Pierre Magnol (1638–1715), französischer Arzt und Botaniker
Nicotiana	nach Jean Nicot (um 1530–1600), französischer Diplomat
Paulownia	nach Anna Pa(u)wlowna (1795–1865), Tochter des Zaren Paul I. von Russland
Rafflesia	nach Sir Thomas Stamford Bingley Raffles (1781–1826), britischer Gouverneur von Sumatra
Saintpaulia	nach Freiherr Walter von Saint-Paul Hilaire (1860–1916), deutscher Entdeckungsreisender
Sinningia	nach Wilhelm Sinning (1792–1874), deutscher Garteninspektor
Strelitzia	nach Prinzessin Charlotte von Mecklenburg-Strelitz (1744–1818)
Victoria	nach Königin Victoria von Großbritannien (1819-1901)
Zinnia	nach Johann G. Zinn (1727-1759), deutscher Arzt und Botaniker

Fremdnamen

❊ Unter Fremdnamen werden hier solche verstanden, die weder lateinischen noch griechischen Ursprungs sind. Es sind Eigennamen, d. h. Bezeichnungen, die den Pflanzen von der Bevölkerung in ihrem Heimatland gegeben wurden. Daraus kann man schließen, dass die Pflanzen in irgendeiner Weise in das Leben der Menschen eingebunden waren. Zu einem großen Teil handelt es sich um Nutzpflanzen, die auch in den europäischen Raum gelangten. Deshalb sind uns viele dieser Namen vertraut.

❊ Die Ananas ist eine köstliche Frucht und genau das bedeutet auch ihr Name. »Nana«, die Köstliche, nannten die Tupi-Guarani in Brasilien die Ananas, und ihre Bezeichnung für Frucht war »A«. Der französische Hugenottenpfarrer Jean de Lery verband beide Ausdrücke zu

Ananas comosus und Theobroma cacao

Nelumbo nucifera

Ananas, was auch von den Portugiesen übernommen wurde. Die Gattung *Ananas* umfasst nur wenige Arten, eine herausragende Rolle als Fruchtlieferant spielt aber nur *Ananas comosus (comosus* = schopfig), die in verschiedenen Sorten weltweit in den Tropen angebaut wird.

❋ Aus einer Aztekensprache kommen Namen wie »cachoatl« und »cacahuatl«, aus denen die Artbezeichnung *cacao* und im deutschen Sprachgebrauch Kakao wurden. Bereits im 16. Jahrhundert benutzten Botaniker dieses Wort *cacao* zur Beschreibung der neuen tropischen Frucht. Gegen eine Übernahme als Gattungsname verwahrte sich Linné, da der Name ihm »barbarisch« erschien. Er konzipierte eine poetischere Beschreibung und nannte die Gattung *Theobroma* (= Götterspeise). Doch als Artbezeichnung blieb das »barbarische« *cacao* bestehen.

❋ *Nelumbo*, die Lotosblume, ist mit der asiatischen Kultur eng verknüpft. Sie gilt als Symbol der Reinheit und der Fruchtbarkeit. Der Name stammt von den Singhalesen, einem Volk auf Sri Lanka, die die Pflanze »nelumbu« oder »nelum« nannten. Die Artbezeichnung *nucifera* bedeutet Nüsse tragend, gemeint sind die in der Frucht enthaltenen Samen.

Ginkgo und Tulipa

Was wäre, wenn ein direkter Nachfahre des gewaltigen *Tyrannosaurus rex* heute durch die Landschaft stapfen würde? Es wäre zweifellos eine Sensation für die Wissenschaft. Doch Vergleichbares findet sich in der Botanik. Seit mehr als 150 Millionen Jahren ist der Bauplan von *Ginkgo biloba* unverändert geblieben. Im Jura und in der Kreidezeit, also vor 220 bis 140 Millionen Jahren, waren die Ginkgogewächse mit zahlreichen Arten weltweit verbreitet. Ebenso wie die Dinosaurier sind jedoch die meisten Arten ausgestorben. Nur *G. biloba* konnte sich halten, aber sein Verbreitungsgebiet schrumpfte beträchtlich, und schließlich waren nur noch kleine Bestände in China übrig geblieben, die erst vor 50 Jahren entdeckt wurden. In China und später auch in Japan wurde der Ginkgo als Tempelbaum gepflanzt und dadurch als Zierbaum weiter verbreitet.

Der Ginkgo, die japanische Bezeichnung für »Silberaprikose«, gehört wie unsere Nadelbäume zu den Nacktsamern, d. h. die Samenanlagen sind nicht von einem Fruchtblattgehäuse eingeschlossen. Die Pflanzen sind zweihäusig, also weiblich oder männlich. Die weiblichen Bäume entwickeln Samen, die Aprikosen gleichen. Ihre äußere Schicht ist fleischig, und wenn sie sich bei Überreife zersetzt, riecht sie sehr unangenehm nach Buttersäure. Das Nährgewebe des Samens wird in Ostasien geröstet und gegessen. Die Ginkgoblätter haben eine unverwechselbare Form mit fächerförmiger, gabeliger Aderung, die einen Dichter des 16. Jahrhunderts an einen Entenfuß erinnerte. Dieser Dichter blieb nicht der Einzige, der sich vom Ginkgo inspirieren ließ. Goethe verehrte seiner späten Liebe Marianne von Willemer ein Ginkgoblatt und dazu ein Gedicht, in dem das Blatt als Sinnbild der Freundschaft dargestellt ist. Es verkörpert ein Ganzes, das sich teilt oder zwei Getrennte, die sich verbinden.

Ginkgo biloba

Nach Europa gelangte der Ginkgo erst im 18. Jahrhundert. 1730 ist ein Sämling im Universitätsgarten von Utrecht nachgewiesen. Heute ist der Ginkgo besonders in Großstädten ein beliebter Straßen- und Parkbaum, weil ihm weder Industrie- noch Fahrzeugabgase Schaden zufügen können, und Tiere, die ihm schaden könnten hat er sozusagen hinter sich gelassen – er hat sie alle überlebt.

Außer seiner Unverwüstlichkeit hat der Ginkgo noch mehr zu bieten. Seine Blätter enthalten Stoffe, die in der Medizin erfolgreich bei Durchblutungsstörungen eingesetzt werden.

Als Entstehungszentrum der Gattung *Tulipa* (Tulpe) gilt der Kaukasus. Von hier aus entfalteten sich die Arten und wanderten nach Persien, Turkestan, Kleinasien und auch nordwärts. Einige Arten drangen bis Mitteleuropa vor, andere bis an die Ostgrenze Chinas.

Tulpen waren bereits im 12. Jahrhundert eine Zierde in persischen und türkischen Gärten. Vom Hofe Suleimans des Prächtigen in Konstantinopel (Istanbul) brachte ein Gesandter von Kaiser Ferdinand I. im Jahr 1554, neben Merkwürdigkeiten aller Art, Tulpenzwiebeln nach Prag und Wien mit. Als Namen dieser Pflanzen gab er »tulipam« an. Doch offenbar hatte er sich geirrt, es sollte wohl »tulbend« (= Turban) heißen, da die Form der Tulpenblüte eine gewisse Ähnlichkeit mit der muselmanischen Kopfbedeckung hat. Über Wien gelangten Tulpenzwiebeln auch nach Augsburg, in den Garten des Kaufmanns Herwarth. Dort sah sie der schweizer Naturwissenschaftler Conrad Gesner 1559 erstmals blühen und verfasste 1561 die erste Beschreibung.

Aber auch über Italien muss zumindest die Kunde von Tulpen nach Mitteleuropa gelangt sein, denn es gibt eine Abbildung in dem 1563 erschienenen »Kreuterbuch« von Johann Kentmann von einer gelben Tulpe (vermutlich *Tulipa sylvestris*). Die »Wiener Tulpen« dagegen blühten rot.

Man kommt nicht umhin, wenn es um Tulpen geht auch über die verheerendsten Auswirkungen zu sprechen, die je eine Pflanzenart in allen Schichten der Bevölkerung verursacht hat, die »Tulpomanie«. Von Wien und Augsburg gelangten die Tulpen nach Holland, wo sie aufgrund der Bodenverhältnisse hervorragend gediehen. So entstand mit diesen Blumenzwiebeln ein reger Handel. Eine merkwürdige Eigenschaft mancher Pflanzen war es zu »brechen«, d. h. ihre Blüten waren nicht einheitlich ein- oder mehrfarbig, sondern Flammen, Flecken und Streifen kontrastierten mit der Grundfarbe. Diese ungewöhnlich gefärbten und gemusterten Tulpen waren so begehrt, dass horrende Summen für sie bezahlt wurden, sie waren Spekulationsobjekte. Zwischen 1634 und 1637 erreichte die »Tulpomanie« ihren Höhepunkt, dann brach das ganze System zusammen. Heute weiß man, dass die Ursache für die sensationellen Farbkombinationen ein Virus war, der die Tulpenzwiebeln infizierte.

Dennoch wurde die Tulpenzucht weiterhin betrieben. Zwischen 1730 und 1870 war der Berliner Raum eine Hochburg der Tulpen- und Hyazinthenzucht. Es wurden große Blumenschauen veranstaltet, die mit Bewirtung und Konzerten gekoppelt waren. Die Berliner Tulpenfelder sind verschwunden, doch die Niederländer sind dieser Pflanze treu geblieben, wie uns die blühenden Tulpenfelder in jedem Frühjahr neu beweisen.

Fremdnamen

Abutilon	arabisch
Ananas	tupi-guarani (Brasilien)
Aralia	kanadische Indianersprache
Bambusa	malaiisch
Berberis	arabisch
Borago	arabisch
cacao	Aztekensprache
Caralluma	indische Sprache
Catalpa	indianische Sprache
Cola	westafrikanische Sprache
Cuscuta	arabisch
Disa	südafrikanische Sprache
Durio	malaiisch
Ginkgo	japanisch

Fremdnamen

Hevea	Quechua (südamerikanische Anden)
Jasminum	persisch
kousa	ostasiatische Sprache
Litchi	chinesisch
mays	mittelamerikanische Sprache
Nelumbo	singhalesisch
Pandanus	malaiisch
Petunia	tupi-guarani (Brasilien)
Ravenala	madagassisch
Sassafras	südamerikanische Sprache
tabacum	karibische Sprache
Tulipa	türkisch

Literaturauswahl

Boerner, Franz (1989): Taschenwörterbuch der botanischen Pflanzennamen, 4. Auflage. Verlag Paul Parey, Berlin und Hamburg

Brickell, Christopher; The Royal Horticultural Society (Hrsg.) (1998): DuMont's Große Pflanzen-Enzyklopädie A–Z, 2 Bände. DuMont Buchverlag, Köln

Genaust, Helmut (1996): Etymologisches Wörterbuch der botanischen Pflanzennamen, 3. Auflage. Birkhäuser Verlag, Basel und Stuttgart

Goerke, Heinz (1989): Carl von Linné. Arzt, Naturforscher, Systematiker, 2. Auflage. Wissenschaftliche Verlagsgesellschaft, Stuttgart

Schmeil/Fitschen: Senghas, Karlheinz; Seybold, Siegmund (2000): Flora von Deutschland und angrenzender Länder, 91. Auflage. Quelle & Meyer Verlag, Wiesbaden

Stearn, William T. (1995): Botanical Latin, 4. Auflage. Timber Press, Cambridge (U.K.)

Erhardt, Walter; Götz, Erich; Bödeker, Nils; Seybold, Siegmund (2000): Zander. Handwörterbuch der Pflanzennamen, 16. Auflage. Verlag Eugen Ulmer, Stuttgart

Register

Die *kursiven* Ziffern verweisen auf Abbildungen

a- 24, 28
ab- 28
Abies grandis 42
abs- 28
Abutilon 230
Acaena 62
– *microphylla* 63
acanthodes 88
acaulis 51, 54
acer 142
Acer 188
– *palmatum* f. *atropurpureum* 120
Aceras anthropophorum 18, 30, *31*
acetosa 142
acetosella 142
-aceus 30, 34
Achillea 216
– *atrata* 102, *103*
– *millefolium* 63
acre 142
acris 142
Adonis 133, 216
– *aestivalis* 133
– *autumnalis* 133
– *vernalis* 132, 133
Adonisröschen 133
Aegopodium 154
Aeonium canariense 198
aerugineus 113
aestivalis 136

aestivus 136
afer 191
Affodill, Weißer 97, *97*, 98
afra 191
africanus 191
Agapanthus 70
– *campanulatus* 70
Agave 216
– *americana* 188, 189, *189*
Agave, Amerikanische 187, 188, 189, *189*
agrestis 166
Ahorn 188
–, Japanischer 120
Ajuga pyramidalis 50, *50*
Akelei, Gewöhnliche 105
–, Schwarze 105, *105*
albescens 100
albicans 100
albidus 100
albus 100
Alcea rosea 126, *127*
alexandrinus 208
algidus 184
Allium oreophilum 168, 169
Aloë 30, 91, 188
– *arborescens* 92
– *variegata* 91, 92, *92*
– *vera* 92
Aloë 145
–, Bunte 91
–, Tiger- 91

aloides 30, 148
Alpenglöckchen
–, Echtes 199, *201*
–, Kleines 200
Alpenhelm 218, *218*
Alpenrose, Rostblättrige 108
alpestris 202
alpinus 202
alternifolia 67
Alyssum
– *montanum* 168, 169
– *saxatile* 168
amarellus 142
amarus 142
americanus 191
amethystinus 124
Amorphophallus titanum 43, *44*
amurensis 202
Anagallis arvensis 164
– – var. *azurea* 165
Ananas 224
Ananas 225, 230
– *comosus* 224, 225
Anaphalis margaritacea 96
Anchusa azurea 120
Andromeda 216
Androsace lactea 96
androsacea 148
Anemone 158
– *narcissiflora* 72
– *nemorosa* 157, *159*
– *sylvestris* 157, 158

anglicus 196
Angraecum eburneum 96, 96
angularis 54
angustifolius 62, 68
annuus 137
anosmus 142
antarcticus 191
-*anthus* 75
anti- 28
antioquensis 208
Aphyllanthes monspeliensis 204, 205
aphyllus 24, 64, 67
apifer 154
apricus 184
aquaticus 178
aquatilis 178
Aquilegia
– *atrata* 105, *105*
– *vulgaris* 105
– – ssp. *atrata* 105
arabicus 192, 193, 196
Arachis hypogaea 25
arachnoides 154
Aralia 230
arborescens 51, 54
arboreus 54
arcturus 154
Arenaria 182, 184
– *biflora* 183, *183*
– *musciformis* 183
arenarius 30
arenicola 30
arenosus 184
argenteus 100
argyraceus 100
Argyranthemum frutescens 116
aridus 184
Aristolochia arborea 53, *53*
armatus 88
Arnica montana 169, 170, *170*
Arnika 169, *170*, 171
aromaticus 142
Artemisia 216
Arundinaria 148
arvensis 164, 166
ascendens 57, 60
-*ascens* 34
asclepiadeus 148
Asclepias 216
asiaticus 191
asper 88
Asphodelus
– *aestivus* 98
– *albus* 97, *97*, 98
– *ramosus* 98
assurgens 60
Astragalus frigidus 180, 181
ater 106
Atropa 210, 216
– *bella-donna* 210
atropurpureus 124
atrovirens 113
Aubrieta 222
aurantiacus 118
auratus 118
aureus 118

australasiacus 191
australis 190
austriacus 196
austrinus 190
autumnalis 136
azureus 124

badius 112
Bambusa 230
barbatus 88
Bartsia 222
– *alpina* 218, *218*
Bauhinia 222
Begonia 90, 222
– *cucculata* var. *hookeri* 27
– *gracilis* 27
– *semperflorens* 27
– *versicolor* 90
Begonia-Semperflorens-Hybride 27, *27*
Begonien 90
beharensis 208
Beinwell 39
bellatulus 40
Bellis perennis 135
bellus 36, 40
Berberis 230
– *vulgaris* 159
Bergflachs 198
–, Pyrenäen- 198
Berghähnlein 72
berolinensis 208
Bertholletia excelsa 42
Berufkraut, Einblütiges 72
Besenheide 128
Beta vulgaris 36
Betula
– *nana* 46, *46*
– *pendula* 57
bi- 25
bi- 28
bicolor 91, 94
biennis 137
biflorus 25, 75
bifolius 67
Binsen 145
Binsenlilie *204*, 205
Birke
–, Hänge- 57
–, Zwerg- 46, *46*, 47
bis- 28
bivittatus 82
Blackstonia perfoliata 62
Blaustern, Zweiblättriger 64
bogotensis 208
bombycinus 88
bonariensis 208
Borago 230
– *officinalis* 39
borealis 190
Borretsch 39
botrytis 75
Bougainvillea spectabilis 36, *37*
brasiliensis 196
Brassica
– *chinensis* 205
– *pekinensis* 205

Brimeura amethystina 120, *121*
Brombeere 159
Brugmansia suaveolens 138, *139*
brumalis 136
Brunnenkresse 39
brunnescens 112
bryoides 148
Bryum 146, 147
-*bundus* 34
Buphthalmum 154
buxifolius 64
Buxus 64
byzantinus 208

cacao 230
cactaceus 148
cactiformis 148
caeruleus 124
caesius 106, 124
caespitosus 51, 54
calaminaria 184
Calathea
– *roseopicta* 78
– *zebrina* 78
calcareus 184
Calceolaria 71, 75
– Fructohybrida-Gruppe 71
– Herbohybrida-Gruppe 71
calceolus 71, 75
calcicola 184
Calendula officinalis 39
californicus 202
Calluna vulgaris 128
calochlorus 118
Calystegia 163
– *sepium* 162, *163*
Camellia sinensis 193
Campanula 70, *70*, 71, 75
– *glomerata* 70, 71
– *latifolia* 63
campanulatus 70, 75
campester 166
campestris 166
canadensis 196
canariensis 30, 202
candicans 100
candidus 100
canescens 106
caninus 154
capreus 154
caprinus 154
caput-medusae 216
Caralluma 230
Cardamine pratensis 164, 165
cardinalis 130
carduaceus 30
carduus 30
Carlina acaulis 51, 52
carmineus 130
Carnegiea gigantea 42, *43*
carneus 130
carpaticus 202
castaneus 112
Catalpa 230
Catananche caerulea 120, *121*

REGISTER

Cattleya 23
caucasicus 202
cauliflora 220
cauticolus 173
Centaurea 212, 216
– *calcitrapa* 212, 213
– *cyanus* 213
– *jacea* 212, 213
– *nigra* 21, 22, 102
– – ssp. *nemoralis* 21, 22
– – ssp. *nigra* 22
– *nigrescens* 102
– *solstitialis* 213, 214
Centranthus 72, 75
– *angustifolius* 74
– *ruber* 72, 73, 73
-*cephalus* 71
Ceratophyllum 174, 175
– *demersum* 175
– *submersum* 175
cerinus 118
Ceropegia fusca 108, 108
Chamaecytisus ratisbonensis 204
-*charis* 34
cheilanthus 75
Chenopodium 150, 154
chinensis 196
Chironia 212, 216
chloro- 113
Chlorophytum 113
– *comosum* 108, 109
chlorostictus 82
Christrose 102
Chrysantheme 116
Chrysanthemum 115, 118
– *frutescens* 116
– *indicum* 116
– *leucanthemum* 116
– *morifolium* 116
– *segetum* 162
– *vulgare* 116
Chrysanthemum-Grandiflorum-Hybride 115, 117
chryso- 115
Chrysolidocarpus 115
– *lutescens* 115
ciliaris 88
cinerarius 106
cinerascens 106
cinereus 106
cinnabarinus 130
cinnamochrous 112
cinnamomeus 112
Cinnamomum
– *aromaticum* 140
– *verum* 140
– *zeylanicum* 140
Cirsium 86
– *acaule* 51
– *spinosissimum* 85, 87
citrinus 118
citriodorus 142
citrosmus 142
Cleistocactus 111
– *smaragdiflorus* 111, 111
– *viridiflorus* 111
Clivia miniata 128, 128

clivorum 173
Cobaea 59
– *scandens* 58, 59
coccineus 130
cochlearis 63, 68
coeruleus 124
Coffea arabica 193, 194, 194
Cola 230
-*cola* 30, 34
Colchicum autumnale 133, 134, 134
collinus 173
columbaria 154
columbianus 196
columnaris 54
-*colus* 30
communis 36, 40
compactus 60
complanatus 60
compressus 60
concentricus 82
concolor 94
confertiflorus 75
conspersus 78, 82
contortus 60
Convallaria majalis 132, 133
Convolvulus tricolor 90, 91
corallinus 130
cordatus 63, 68
Coreopsis 154
Cornus sanguinea 126
Corydalis
– *lutea* 114
– *ochroleuca* 114
Corylus avellana 'Contorta' 57, 57
corymbosus 75
Crassula columnaris 50
Crataegus 159
Crepis aurea 114
crinitus 88
crispus 88
crista-galli 154
croceus 118
cruentus 130
Cryptanthus
– *bivittatus* 78
– *zonatus* 78
crystallinus 94
-*culus* 30, 34
cuneifolius 63, 68
Cuphea ignea 126, 127
cupreatus 118, 130
Cuscuta 230
cyaneus 124
Cypripedium calceolus 71

Dactylorhiza maculata 78
Dahlia 222
damascenus 208
Darmera peltata 63
dealbatus 100
decoloratus 94
decumbens 56, 60
decussatus 67
demersus 178
deminutus 48

Dendranthema
– *indicum* 116
– *morifolium* 116
Dendranthema-Grandiflorum-Hybriden 115, 117
dens-canis 154
densifolius 64, 67
deserticolus 166
desertorum 166
di- 25, 28
Dianthus
– *gratianopolitanus* 207
– *monspessulanus* 207, 207
diaphanus 94
Dicentra 75
dichromus 94
Didierea madagascariensis 193
digitatus, 68, 68
Dioscorea elephantipes 150, 151
Disa 230
discolor 94
Distel 30, 51
–, Silber- 51
distichus 67
diurnus 137
Donnerwurz 26
Doronicum grandiflorum 72
Drosera 65
– *cuneifolia* 66
– *linearis* 66
– *macrophylla* 66
– *peltata* 66
– *rotundifolia* 65, 66
– *spathulata* 66
Duftblüte 138
dulcamara 142
dulcis 142
dumetorum 161
dumicola 161
Durio 230

ebeneus 106
eburneus 100
Edelweiß 150, 151
edulis 37, 40
Efeu 145
Einbeere 211, 211
Eiskraut 90, 91
elatior 48
elatus 42, 48
Elefantenfuß 150, 151
elegans 40
elephantipes 154
ellipticus 63, 68
elodes 178
Engelstrompete 138, 139
-*ensis* 34
Enzian
–, Blauer 120
–, Gelber 114, 120
–, Punktierter 78, 79
–, Purpurroter 120
–, Rauer 84
–, Stängelloser 52, 53
epigeios 166

Epipogium aphyllum 24, 25
Eranthis hyemalis 133
Erdnuss 25, 26
erectus 56, 60
Erica 127
– *carnea* 127, *128*
– *cinerea* 102
ericoides 148
Erigeron uniflorus 72
Eriophorum 86, 88
– *angustifolium* 87
– *gracile* 87
– *latifolium* 87
– *scheuchzeri* 87, *87*
– *vaginatum* 87
erubescens 130
Eryngium campestre 162
Erythraea 130
Erythrina 129, 130
– *corallodendron* 129
– *crista-galli* 129, *129*
– *indica* 129
– *livingstonia* 129
erythro- 130
Erythronium 150
-escens 34
Eschscholzia californica 198, *199*
esculenta 40
esmeralda 113
-estris 30, 34
etruscus 202
euchlorus 113
Eucomis bicolor 91
Euonymus europaeus 186
Euphorbia
– *canariensis* 198
– *globosa* 50, *50*
europaeus 191
exaltatus 48
excelsior 42, 48
exiguus 42, 48
expansus 56, 60

farinosus 88
fasciatus 82
fastigiatus 54
felleus 142
-fer 34
-fera 30, 34
Ferocactus
– *acanthodes* 84, *85*
– *cylindraceus* 85
ferrugineus 112
-ferum 34
Fetthenne 169
Fichtenspargel 24, *25*
fimbriatus 88
Fingerkraut, Silber- 97
flammeus 130
flavidus 118
flavovirens 113
flavus 118
flexuosus 54
Flockenblume 212
–, Schwarze 21, 22, 102, *103*
–, Schwärzliche 102
–, Sonnenwend- *213*, 214

–, Stern- *212*, 213, 214
–, Wiesen- *212*, 213
floribundus 76
florida 76
-florus 75
fluitans 178
fluminensis 208
fluvialis 178
fluviatilis 178
foetidus 142
foliosus 67
-folius 62, 68
fontanus 178
formicarium 154
formosus 36, 40
fragrans 142
Frauenschuh 71
fraxineus 148
frigidus 184
Fritillaria 82
– *imperialis* 80
– *meleagris* 79, *80*
– *pyrenaica* 80, *80*
frutescens 54
fruticans 51, 54
fucatus 94
Fuchsia 222
fulgens 88
fuliginosus 106
fulvus 119
furcatus 54
fusco- 112
fuscus 112
Futterrübe 36

galactinus 101
Galanthus nivalis 98, *99*
galbanus 119
gallicus 196
Gänseblümchen 133, 135
Gänsefuß 150
Gauchheil, Acker- 164
Geißblatt, Etruskisches 198, *199*
Geißklee, Regensburger 204
Gemswurz, Großblütige 72
genevensis 208
Gentiana
– *acaulis* 52, *53*
– *aspera* 84
– *clusii* 52
– *lutea* 114, 120
– *punctata* 78, *79*
– *purpurea* 120
Geranie 78
geranifolius 64
geranioides 148
Geranium 64
– *sanguineum* 126
– *sylvaticum* 156, 157
germanicus 196
Germer, Weißer 96
Geum rivale 175
Gewürznelkenbaum 140, *140*
giganteum 42, 48
gigas 48
Gilbweiderich, Gewöhnlicher 36, *37*

Gingko 226, 227
Ginkgo 230
– *biloba* 226, *227*
Gipskraut, Rispiges 181
–, Kriechendes 181, *181*
glaber 88
glacialis 173
glandulosus 88
Glaucium flavum 114, *115*
glaucus 113
Glechoma hederacea 145, 145
globosus 50, 55, 71, 76
Glockenblume 71
–, Breitblättrige 63
–, Geknäuelte 70, 71
Glockenrebe 58, *59*
glomeratus 71, 76
glutinosus 88
Glyceria 142
Glycyrrhiza 139, 142
Goethea 219, 220, 222
– *cauliflora* 220, *221*
Goldfruchtpalme 115
Goldmohn, Kalifornischer 198, *199*
Goldrute 32, 33
–, Echte 32
–, Grasblättrige 32
–, Kanadische 31, 32, *32*
–, Riesen- 32
gorgonias 216
gracilis 55
gramineus 148
graminifolius 68
Grammatophyllum 82
grandiflorus 72, 76
grandis 42, 48
Graslilie 108, *109*
gratianopolitanus 209
graveolens 143
greacus 192, 196
Greiskraut, Französisches 192
griseus 106
Grüner Heinrich 108, *109*
Grünlilie 108, *109*
Gundelrebe 144, 145
Günsel 50, *50*
guttatus 82
gypsicola 184
Gypsophila 181, 184
– *paniculata* 181
– *repens* 181, *181*

Haageocereus 57
– *decumbens* 58, *58*
– *pacalensis* 58, *58*
– *repens* 58, *58*
Habichtskraut 85
–, Langhaariges 85
–, Orangerotes 115
–, Zottiges 84, 85
Hahnenfuß
–, Acker- 165
–, Alpen- *172*, 200
–, Gletscher- 169, 171, *171*, 172
–, Grasblättriger 144

–, Kriechender 56, *56*
–, Scharfer 138
Hainblume 157
halophilus 185
Hanftod 158
Hartriegel, Blutroter 126
Hasel, Korkenzieher- 57, *57*
Haselnuss 57
Hauhechel, Dornige 85
Hauswurz
–, Berg- 27, *27*
–, Dach- 26, 27
–, Spinnweben- 27, *27*
Haworthia 110
Hedera 64, 145
hederaceus 148
hederaefolius 64
Heide
–, Besen- 128
–, Graue 102
–, Schnee- 127, *128*
Heidekraut 127
Helenium autumnale 132
Helianthus 71, 76
Helichrysum 120
Helleborus
– *foetidus* 138
– *niger* 102
hellenicus 192, 196
helodes 178
helveticus 192, 196
helvolus 119
Hemerocallis 116
– *aurantiaca* 116
– *citrina* 117
– *fulva* 117, *117*
hemi- 28
Heracleum 216
heracleus 216
herbaceus 113
Herbst-Zeitlose 133, 134, *134*
Herzblatt 176, 177
–, Sumpf- 175, 177, *177*
Hesperis 137
– *matronalis* 134, 134, 135
heter- 28
hetera- 28
hetero- 28
Hevea 195, 231
– *brasiliensis* 194, *195*
hibernicus 197
Hieracium 85
– *aurantiacum* 115
– *pilosella* 85
– *villosum* 84, 85
himalaicus 202
himalayanus 202
Himantoglossum hircinum 138
Himbeere 159
hircinus 143
hirsutus 88
hispanicus 192, 197
hispidus 88
horizontalis 60
Hornblatt 174, *175*
–, Raues 175
–, Zartes 175

Hornmohn, Gelber 114, *115*
horridus 88
Humboldtia 222
humboldtii 222
humilis 48
Hundszahn 150
hyacinthinus 124
Hyacinthus orientalis 186, *187*
Hyazinthe 186, *187*
hybernus 136
hyemalis 136
hylaeus 161
hylophilus 161
hyper- 24, 28
hyperboreus 190
hypnoides 148
hypo- 24, 25, 28
hystrix 154

-*iana* 30
ianthinus 124
-*ianus* 34
icterinus 119
-*ides* 30, 35
igneus 131
illitus 82
Immergrün 42
–, Großes 42
immersus 178
in- 24, 28
incanus 106
incarnatus 131
incisus 68
indicus 192, 197
-*ineus* 30, 35
inodorus 143
inscriptus 82
insectifera 154
insipidus 143
integrifolius 68
inter- 28
inundatus 178
-*inus* 35
ionanthus 124
Ipomoea purga 205
Iris 211, 217
– *variegata* 90
– *versicolor* 90
irrigatus 178
irriguus 178
Ismene 217
-*issimus* 35
-*ites* 35

jalapa 209
japonicus 192, 197
jasminoides 148
Jasminum 231
javanicus 202
Johannisbeere, Gold- 114
junceus 149
Juncus 145

Kaffee
–, Arabischer 193, *194*
–, Berg- 193
Kaiserkrone 80

Kamille
–, Duftlose 138
–, Echte 138
Kautschukbaum 193, 195
keniensis 30, 197
kermesinus 131
Kerria japonica 192, 193
Kiefer, Grannen- 47
Klee 63, 108
–, Moor- 108
–, Braun- 108
Kleewürger 158
Klivie 128, *128*
Knabenkraut
–, Blasses 91
–, Geflecktes 78
Kohl
–, China- 205
–, Peking- 205
–, Schantung- 205
Kohlröschen, Schwarzes 104, *104*
Korallenbaum 129
Korallenstrauch 129, *129*
Kornblume 213
kousa 231
Kratzdistel
–, Stachelige 85
–, Stängellose 51
Krebsschere 145, 146
Kreuzkraut, Französisches 192

lacteus 101
lacustris 178
Laelia 23
× *Laeliocattleya* 23
laevigatus 89
lanatus 89
lanceolatus 63, 68
lanuginosus 89
latifolius 62, 68
Läusekraut 150
Lavandula
– *angustifolia* 64, *65*
– × *intermedia* 65
– *latifolia* 65, *65*
Lavendel, Echter 64, 65
laxifolius 64, 67
Leimkraut 211
–, Stängelloses 52, *52*
Lein 70, *70*
Lemna
– *minor* 44, 45
– *minuta* 44, 45, *45*
Leonotis 150, 154
– *leonurus* 150
Leontodon 150, 154
Leontopodium 150, 155
– *alpinum* *151*
leonurus 155
leopardinus 155
Lerchensporn, Gelber 114
Leucanthemum 115
– *vulgare* 116
leuco- 101
leuconeurus 82, 97
Leucophyta 97
Levisticum officinale 39

REGISTER

Levkoje 103, 104
–, Garten- 103, *104*
–, Herbst- 104
–, Sommer- 104
–, Winter- 104
Lewisia 222
Lichtnelke, Acker- 133
Liebstöckel 39
lilacinus 124
liliaceus 149
liliastrum 149
Lilie, Panter- 78
Lilium pardalinum 78
limnophilus 178
limosus 178
linearifolius 68
Linnaea 219, 222
– *borealis* 13, *218*, 219
Linum campanulatum 70, *70*
lit(t)oralis 178
Litchi 231
Lithops 110
– *olivacea* 109, 110, *110*
Lithospermum purpureocaeruleum 121, *123*
lividus 106, 125
Livistona australis 186
locusta 155
Lodoicea
– *maldivica* 201, *201*
– *sechellarum* 201
longiflorus 76
longifolius 68
longipetalus 76
Lonicera 222
– *etrusca* 198, *199*
Lotosblume 225
Löwenzahn 39, *39*, 150
lucidus 89
lucorum 161
Lungenkraut, Echtes 122
luridus 112
lusitanicus 192, 197
lutetianus 209
luteus 114, 119
Lychnis viscaria 85
Lysimachia vulgaris 36, *37*

macrocephalus 76
macrophyllus 62, 68
maculatus 78, 82
madagascariensis 197
magellanicus 223
magnificus 40
Magnolia 223
– *liliiflora* 72
Magnolie, Purpur- 72
magnus 42, 48
Maiglöckchen *132*, 133
majalis 133, 136
major 42, 48
malabaricus 202
maldivicus 202
Mammillaria backebergiana 30, *31*
Mammutbaum, Riesen- *44*, 46, 47
mangle 179
Mangrove 175, 176, *176*

Mannsschild, Michweißer 96
Mannstreu, Feld- 162
Maranta leuconeura 78, 79
margaritaceus 101
Margerite 116
–, Strauch- 116
marinus 179
maritimus 179
marmoratus 83
Matricaria
– *inodora* 138
– *perforata* 138
– *recutita* 138
Matronenblume 134, *134*, 135
Matthiola incana 103, 104
Mauerpfeffer, Scharfer 138
–, Weißer 96, *96*
Mäuseschwänzchen 150
Mausohr 85, 150
maximus 42, 48
mays 231
medius 42, 48
melano- 106
meleagris 83
Melissa officinalis 39
Melisse, Zitronen- 39
meridionalis 137, 190
Mesembryanthemum crystallinum 90, 91
microphyllus 62, 69
Milchstern, Narbonne- 204, 205
millefolium 63, 69
miniatus 131
minimiflorus 76
minimus 48
minor 42, 49
minus 42, 49
minusculus 49
minutissimus 49
minutus 49
mirabilis 36, 40
Mirabilis jalapa 205, 206, *207*
Mittagsblume, Kristall- 90, 91
monanthus 76
monopetalus 76
Monotropa hypopitys 24, 25
monregalensis 209
monspeliensis 209
monspessulanus 209
monstrosus 40
montanus 173
monticola 173
Moos, Spanisches *144*, 145
Moosglöckchen 13, *218*, 219
mucronatus 69
multi- 25, 28
multiflorus 76
muralis 166
murinus 106, 155
muscoides 149

Muskatnussbaum 141, *141*
Myosotis 150, 155
– *sylvatica* *156*, 157
Myosurus 155
– *minimus* 150
Myriophyllum 63, 69
Myristica fragrans 141, *141*

Nachtschatten, Schwarzer 102
Nachtviole 133, 134, *134*, 135
nanus 49
narbonensis 209
Nasturtium officinale 39
natans 179
neapolitanus 209
Nelke 206
–, Montpellier- 207, *207*
–, Pfingst- 207
Nelkenwurz, Bach- 175
Nelumbo 225, 231
– *nucifera* 225
Nemophila 157, 161
nemoralis 161
nemorosus 161
Neoregelia 80, 81
– *chlorosticta* 81
– *concentrica* 81
– *marmorata* 81, *81*
Nicotiana 223
Nieskraut
Nieswurz, Stinkende 138
Nigella 102, 107
niger 102, 107
nigrescens 107
Nigritella 107
– *nigra* 104, *104*
niloticus 202
niphophila 185
nipponicus 192, 197
nitidus 89
nivalis 101
niveus 101
noctiflorus 137
novogranatensis 192, 197
Nuphar lutea 114, *114*
Nymphaea 217

ob- 24, 28
Oberonia 217
obovatus 24
obtusifolius 69
occidentalis 190
oceanicus 179
ocellatus 83
ochraceus 119
ochroleucus 119
Ochsenzunge, Italienische 120
octopetala 77
odoratissimus 30, 143
odoratus 30, 143
odorus 143
officinalis 37, 40
Ohnsporn 30, *31*
-*oides* 30, 35

REGISTER

-oideus 35
olig- 29
oligo- 25, 29
olivaceus 112
Ononis spinosa 85
Ophrys 151, 152, 153
– apifera 152, *152*, 153
– insectifera 152, 153
– sphegodes 152, *152*, 153
oppositifolius 67
Orchis pallens 91
oreocharis 173
oreophilus 173
oreotrephes 173
orientalis 190
Ornithogalum narbonense 204, 205
Orobanche 158, 159
– lucorum 159, *160*
Osmanthus 138, 143

*p*aediophilus 166
Paeonia 214, 217
– lactiflora 215
– officinalis *214*, 215
– suffruticosa 214
– wittmanniana 215
pallens 94
pallescens 94
pallidus 94
palmatus 69
paludosus 179
paluster 179
palustris 179
Pandanus 231
paniculatus 77
pannonicus 202
Pantoffelblume 71
papilio 155
Pappel 204
para- 29
Paradisea liliastrum 145
Parakautschukbaum 194, *195*
Paranussbaum 42
pardalinus 83
Paris 211, 217
– quadrifolia 211
Parnassia 18, 176
– palustris *177, 177*
-partitus 35
parvulus 49
parvus 42, 49
Passiflora edulis 37
patens 56, 61
pauci- 25, 29
pauciflorus 77
Paulownia 223
Pechnelke 85
Pedicularis 150, 155
pekinensis 209
Pelargonium zonale 78
pellucidus 94
peltatus 63, 69
pen(n)sylvanicus 203
penduliflorus 77
pendulus 61
per- 29
perennis 135, 137
perfoliatus 64, 67
perpusillus 49

peruvianus 197
pes-caprae 155
-petalus 75
petraeus 173
Petunia 231
Pfaffenhütchen 186
Pfeilkraut *62, 63*
Pfingstrose 214
Pfriemenginster 145
phaeus 112
phoeniceus 125
-phora 30, 33, 35
-phyllus *62*, 68
Phyteuma spicatum 73, 74
picreus 143
picturatus 95
pictus 83
Pilocopiapoa solaris 181
pilosus 89
pinnatifolius 69
Pinus aristata 47
Pippau, Gold- 114
plantagineus 149
Plantago
– lanceolata 63
– major 63
– nivalis 97
Platane 187, 188
–, Abendländische 187, 188, *189*
–, Morgenländische 187, 188
Platanus 187
– × hispanica 188
– occidentalis 188, *189*
– orientalis 188
plumbeus 107
pluri- 25, 29
poly- 25, 29
polychromus 95
polygonus 50, 55
polymorphus 55
pomeridianus 137
ponticus 203
Populus
– × berolinensis 204
– laurifolia 204
– nigra var. italica 204
porcinus 155
porphyrius 125
Potentilla argentea 97
prae- 29
praecox 133, 136
prasinus 113
pratensis 166
Primel, Orchideen- *162, 163*
Primula
– 'Argus' 22
– auricula 22
– × berninae 22
– hirsuta 22
– latifolia 22
– vialii *162, 163*
primulinus 149
primuloides 149
procerus 49
procumbens 61
prostratus 56, 61
Protea 210, *210*, 217

Prunus domestica
– – ssp. *italica* var. *claudiana* 18
Psammophora 33, *33*
pubescens 89
pullus 107
Pulmonaria officinalis 122
pulvinatus 51, 55
pumilio 49
pumilus 42, 49
punctatus 78, 83
puniceus 125
purpurascens 125
purpureo-caeruleus 125
pusillus 49
pygmaeus 42, 49
pyramidalis 55, 71, 77
pyrenaeus 203
pyrenaicus 203
Pyrola uniflora 72

quadrangularis 50, 55
quartziticola 185
quitensis 209
quitoensis 209

racemosus 77
r(h)aeticus 203
Rafflesia 223
Ragwurz 151
–, Bienen- 152, *152*, 153
–, Fliegen- 152, 153
–, Spinnen- 152, *152*, 153
Rainfarn 116
ramosus 77
ranunculoides 149
Ranunculus
– acris 138
– alpestris 172, 200
– arvensis 165
– asiaticus 186
– glacialis 171, *171*, 172
– gramineus 144
– repens 56, *56*
Ranunkel 186
Ranunkelstrauch *192, 193*
Rasselblume, Blaue 120, *121*
ratisbonensis 209
Ravenala 231
ravus 107
Regelia 81
repens 56, 61
reticulatus 83
Rhizophora 176
– mangle 176, *176*
Rhododendron ferrugineum 108
Ribes aureum 114
Riemenblatt 128, *128*
Riemenzunge, Bocks- 138
Ringelblume, Garten- 39
riparius 203
rivalis 179
rivularis 179
robustus 41
Rosa 23
– rugosa 15, 84

238

REGISTER

Rose, Kartoffel- 84
roseus 131
Rosmarin 39
Rosmarinus officinalis 39
rosulatus 51, 55
rotundifolius 63, 69
Rübe, Futter- 36
–, Zucker- 36
rubellus 131
rubens 131
ruber 131
rubiginosus 131
Rubus 159
ruderalis 166
rufus 112, 131
rugosus 89
Rumex
– *acetosa* 138
– *acetosella* 138
rupes 30
rupestris 30, 173
rupicola 173
ruralis 167
rusciformis 149
ruthenicus 203
rutilans 131
rutilus 131

sabulosus 185
Sagittaria sagittifolia 62, 63
sagittifolius 63, 69
Saintpaulia 223
– *ionantha* 219, *219*
Salbei
–, Garten- 39
–, Klebriger 85
salicola 185
salinus 185
salmoneus 131
Salsola 181, 185
– *kali* 182, *183*
– – ssp. *ruthenica* 182
Salvia
– *glutinosa* 85
– *officinalis* 39
Salzkraut 181
–, Kali- 182, *183*
Sandkraut 181, 182, 183
–, Zweiblütiges 183, *183*
Sandträger 31, 33, *33*
sanguineus 131
sapidus 143
saponarioides 149
sardensis 203
Sassafras 231
Sauerampfer
–, Großer 138
–, Kleiner 138
Sauerdorn, Gewöhnlicher 159
saururus 155
saxatilis 173
Saxifraga 63, 146
– *bryoides* 147, *147*
– *cochlearis* 63
– *cuneifolia* 63
– *hypnoides* 147
– *longifolia* 63
– *muscoides* 147
– *rotundifolia* 63

saxifragioides 149
scaber 89
scandens 57, 61
scarlatinus 131
Schachbrettblume 79, 80, *80*
–, Pyrenäen- 80
Schafgarbe 63
–, Schwarze 102
Schaumkraut, Wiesen- 163, *164*, 165
Schildblatt 63
Schleierkraut 181
–, Rispiges 181
Schmucklilie 70
Schneeglöckchen 98, 99, *99*
Schopflilie 91
Schwarzkümmel 102
Schwertlilie 211
Scilla bifolia 64
scopulorum 173
scorpioides 155
se(y)chellarum 203
sedoides 149
Sedum 169
– *acre* 138
– *album* 96, *96*
– *cauticola* 169
Seegras, Gewöhnliches 174, *174*
segetalis 167
segetum 167
semi- 29
semper- 29
Sempervivum 26
– *arachnoideum* 27, *27*
– *montanum* 27, *27*
– *tectorum* 26
– *wulfenii* 27
Senecio
– *cineraria* 102, *103*
– *gallica* 192
Senf
–, Acker- 164, *164*
–, Weißer 164
sepincola 167
sepium 167
septentrionalis 190
Sequoiadendron giganteum 44, 46
Serapias 217
serotinus 133, 136
serpens 61
Sesamoides pygmaea 42, *43*
sessilifolius 64, 67
setosus 89
sextilis 136
Seychellennusspalme 199, 200, *201*
siderophilus 185
Silberdistel 51, *52*
Silberimmortelle 96
Silene 211, 217
– *acaulis* 42, *52*
– *noctiflora* 133
silvaticus 157 161
silvicola 161
simia 155

Sinapis
– *alba* 164
– *arvensis* 164, *164*
sinensis 197
Sinningia 223
smaragdinus 113
solanaceus 149
Solanum nigrum 102
solaris 185
Soldanella
– *alpina* 199, 200, *201*
– *pusilla* 200
Solidago
– *canadensis* 31, 32, *32*
– *gigantea* 32
– *graminifolia* 32
– *virgaurea* 32
solstitialis 136
Sommerwurz 158
–, Hain- 157, 159, *160*
Sonnenblume 71
Sonnenbraut 132
Sonnentau 65, 66
–, Rundblättriger 65, 66
spadiceus 112
Sparrmannia africana 187, *187*
Spartium junceum 145
spathulifolius 69
speciosus 36, 41
spectabilis 36, 41
Speik, Großer 65
sphaericus 50, 55
sphaerocephalus 71, 77
Sphagnum 66
sphegodes 155
spicatus 77
spinosissimum 85
spinosus 89
splendens 36, 41
Spornblume 72
–, Rote 72, 73, *73*, 74
squarrosus 89
Stachelnüsschen 62
stagnalis 179
Steinbrech 63, 146
–, Birnmoos- 147
–, Moos- 147
Steinkraut
– Berg- *168*, 169
–, Felsen- 168
Steinsame, Blauroter 121, 122
stellaris 77
stenophyllus 69
Stiefmütterchen
–, Echtes 92
–, Garten- 93
–, Gelbes 114
–, Wildes 92
Stockrose 126, *127*
Storchschnabel
–, Blutroter 126
–, Wald- 156, *157*
stramineus 119
Stratiotes aloides 145, *146*
Strelitzia 223
striatus 83, 89
Strohblume 120
suaveolens 143
suavis 143

REGISTER

sub- 24, 29
submersus 179
suecicus 197
suffruticosus 55
sulphureus 119
super 24, 29
superbus 41
suspensus 61
Süßholz 138
sylvaticus 157, 161
sylvestris 157, 161
Symphytum officinale 39
Syzygium aromaticum 140, *140*

tabacum 231
Tagetes 217
Taglilie 116
–, Braune 117, *117*
–, Duft- 117
–, Orangegelbe 116
–, Sommer 116
–, Zitronen- 117
Tanacetum 115
– *vulgare* 116
Tanne, Große Küsten- 42
Taraxacum officinale 39, *39*
tardus 136
tasmanicus 203
taurinus 203
Teestrauch 193
Teichrose, Gelbe 114, *114*
tenuifolius 69
tesselatus 83
Teucrium 217
Teufelskralle, Ährige *73*, 74
thalassicus 179
Theobroma 225
– *cacao* 224, 225
Thesium 198, 217
– *alpinum* 198
– *pyrenaicum* 198
thyrsiflorus 77
Tigridia 155
Tillandsia 145
– *fuchsii* var. *fuchsii* f. *gracilis* 18
– *ionantha* 122, 123, *123*
– *usneoides* *144*, 145
– *viridiflora* *108*, 109
Tillandsie 121, 122
tillandsioides 149
Titanenwurz 43, *44*
titanum 42, 49
Tollkirsche 210, *210*
tomentosus 89
tortilis 61
tortus 61
toxifera 37, 41
Tragant, Gletscher- *180*, 181
tri- 25, 29
Trichterlilie 145
tricolor 95
Trifolium 63, 69, 108
– *badium* 108
– *spadiceum* 108
trigonus 50, 55

Tulipa 227, 231
– *sylvestris* *228*, 229
– *violacea* 121
Tulpe 227, 228, *229*

uliginosus 179
-ulus 30, 35
umbellatus 77
umbrinus 112
undulatus 69, 89
uni- 24, 29
unicolor 95
uniflorus 25, 77
Usambaraveilchen 219, *219*
Usnea 145
usneoides 149

vaccinus 155
variegatus 95
varius 95
Veilchen
–, Galmei- 181
–, März- 138, *139*
–, Pfingst- 96
velutinus 89
venetus 125
Veratrum album 96
Vergissmeinnicht 150
–, Wald- *156*, 157
vermicularis 155
vernalis 132, 136
vernus 132, 136
versicolor 95
verticillatus 67
vescus 41
vespertinus 137
vialis 167
Vicia
– *dumetorum* 157
– *sylvatica* 157
Victoria 219, 220, 221, 223
– *amazonica* 221
– *cruziana* 221, *221*
Vieruhrblume 206
villosus 89
Vinca
– *major* 42
– *minor* 42
vinealis 167
vinosus 131
Viola 91
– *alba* 96
– *altaica* 93
– *cornuta* 93
– *lutea* 93, 114
– – ssp. *calaminaria* 181
– *odorata* 138, *139*
– *tricolor* 92, 93, *93*
– × *wittrockiana* 93
violaceus 125
virescens 113
virginianus 203
virginicus 198, 203
viridis 113
viscosus 89
vitellinus 119
vittatus 83
vulgaris 36, 41

Wasseraloë 145, *146*
Wasserlinse, Kleine 44, *45*
–, Winzige 44
Wegerich 97
–, Großer 63
–, Spitz- 63
Weißdorn 159
Welwitschia mirabilis 37, 38, *38*, 39
Wicke
–, Hain- 157
–, Wald- 157
Widerbart, Blattloser 24, 25
Winde, Purgier- 205, 206, *207*
Windröschen
–, Busch- 157, 158, *159*
–, Wald- 157, 158
Wintergrün, Einblütiges 72
Winterlinge 133
Wohlverleih, Berg- 169, *170*
Wolffia arrhiza 45, 46
Wolfsmilch
–, Kanaren- 198
–, Kugelige 50, *50*
Wollgras 86
–, Breitblättriges 87
–, Scheidiges 87
–, Scheuchzers 87, *87*
–, Schlankes 87
–, Schmalblättriges 87
Wucherblume
–, Saat- 162
–, Wiesen- 116
Wunderblume 205

xantho- 119
xerophilus 185

yedoensis 209
yunnanensis 198, 203

Zaunwinde, Gemeine *162*, 163
zebrinus 83
Zeitlose, Herbst- 133, 134, *134*
zeylanicus 203
Zimmerlinde 187, *187*
Zimtbaum 140
Zimtkassie 140
Zinnia 223
zonatus 83
Zostera marina 174, *174*
Zuckerrübe 36
Zwerglinse, Wurzellose 46

240